コーチングの基礎から応用へ

編集 松尾 理
近畿大学医学部

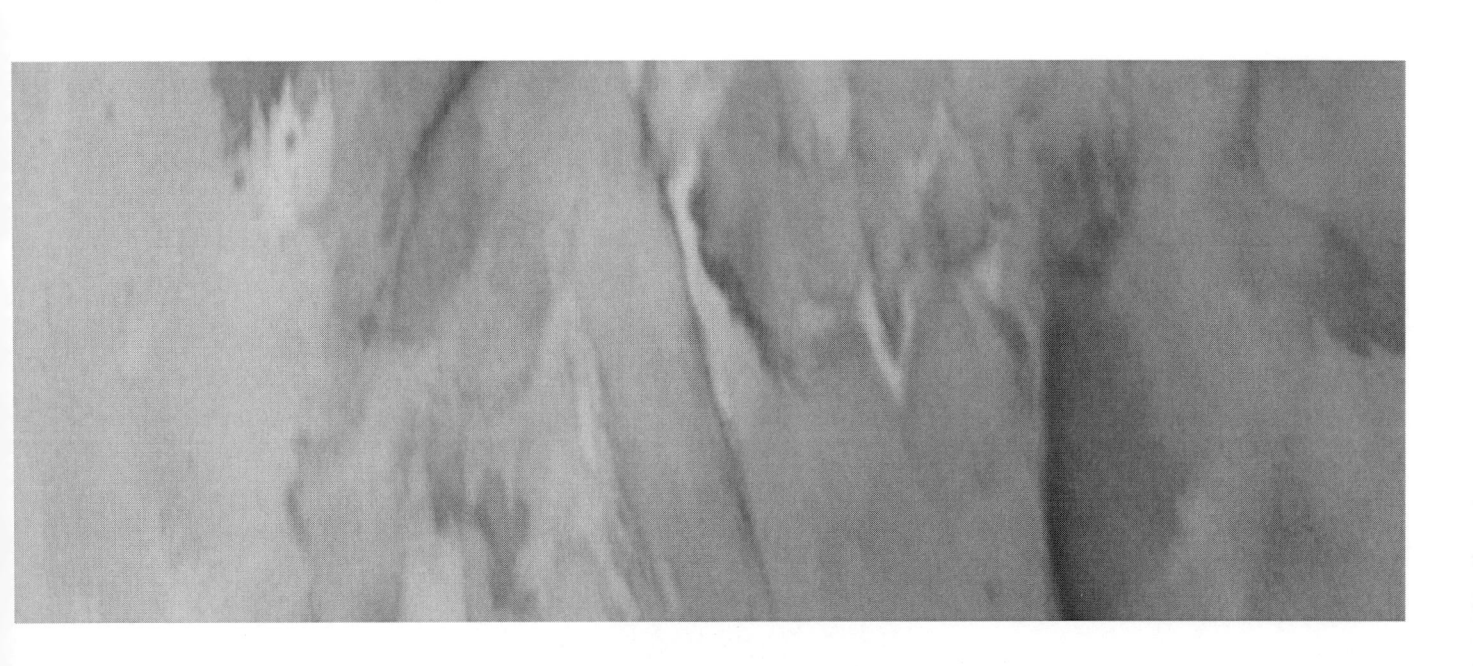

学際企画

コーチング学の提唱

コーチングに関する解説などの書籍は多々あるが、コーチングに関する理解を深めるための学問的な裏付けを伴ったものは少ない。

本書編纂の意図は、コーチングを単にスキルにするだけでなく、スキルを生み出した背景の学問領域を理解する状況を作ることにある。言い換えれば、コーチングというスキルを利用するテクニシャンになるのではなく、コーチングを各種場面で活用できる応用力を擁するコーチング利用者になって頂きたいのである。ここに、コーチングを幅広く捉えたコーチング学を提唱する次第である。

本書は、そういう意図に合致した書籍の部分と、最新のコーチングについて研究交流する第8回日本臨床コーチング研究会学術集会抄録集の2部構成となっている。

前半の書籍の部分では、コーチングの背景にある心理学に関する理解を深める論文を掲載しているし、さらに実際にコーチングを応用して成果を活用している論文、また、両者の橋渡し的論文など、コーチング関連論文を多彩に網羅して掲載している。

後半の学術集会抄録集の部分では、最新の研究成果を広く研究交流して頂く特別講演（応用コース）や一般講演など、コーチングの基礎的理解から応用まで、幅広く行き渡った内容になっている。

これらが、読者（研究会参加者）に非常に有益で、即実践的であることを信じて疑わない。

コーチング学の今後の発展を祈念する次第である。

平成25年7月吉日　　松尾　理
近畿大学名誉教授・
近畿大学医学部顧問
matsuo-o@med.kindai.ac.jp

目 次

はじめに　　コーチング学の提唱
　　　　　　　松尾　理（近畿大学医学部）　　　　　　・・・・　　　-1

1 コーチングの起源と歴史
　　　　　　　西垣悦代（関西医科大学）　　　　　　　・・・・　　　1

2 コーチング心理学の展望
　　　　　　　堀　正（群馬大学名誉教授）　　　　　　・・・・　　　7

3 コーチングの源理論　―人間性心理学とコーチング―
　　　　　　　元吉　正幸（こころ身体研究所）　　　　・・・・　　　14

4 最近のコーチングおよびヘルス・コーチングの動向と課題
　　　　　　　西垣　悦代（関西医科大学）　　　　　　・・・・　　　16

5　A Step forward to the Establishment of Human Supportology
　　　　　　　堀　正（群馬大学名誉教授）　　　　　　・・・・　　　21

6 人間支援学の構築に向けて
　　　　　　　堀　正（群馬大学名誉教授）　　　　　　・・・・　　　24

7 コーチングの意図と構造～面談のコンテキストと GROW モデル～
　　　　　　　田口智博 [1]、飛松正樹 [2]
　　　　　（1）三重大学医学部附属病院　総合診療科　2）宮崎大学医学
　　　　　部地域医療学講座）　　　　　　　　　　　・・・・　　　26

8 医療人育成におけるコーチングの活用
　　　　　　　松尾　理（近畿大学医学部名誉教授　近畿大学医学部顧問）
　　　　　　　　　　　　　　　　　　　　　　　　　・・・・　　　30

9 チーム医療教育の試みについて
　　　　　　　平井　みどり（神戸大学医学部附属病院薬剤部）・・・・　37

10　誉めて育てる：どのような言葉で誉めるべきか？ 時と場合：シミュレーシ

ョン教育を例に考察
　　　　　高橋　優三（兵庫医科大学客員教授・岐阜大学名誉教授）・・・・39

11 「コーチング」から「臨床コーチング」へ
　　　　　　　　田丸　司（偕行会リハビリテーション病院）　・・・・49

12　誰に、どのタイミングで、どの程度コーチング・スキルを使う？
スキルの使い方は、スキルそのものの取得より難しい
　　　　　　　高橋　優三（兵庫医科大学客員教授・岐阜大学名誉教授）
　　　　　　　　　　　　　　　　　　　　　　　　　　　　・・・・51

13　糖尿病診療におけるコーチング活用法
　　　　　　　　金子　由梨（済生会西城病院）　　・・・・56

14 糖尿病療養支援に臨床コーチングを取り入れて
～説得する一包化から納得した一包化～　　介護施設でのコーチング
　　　山本康久[1]、三宅美有紀[2]、半田京[2]、和田亜紗美[2]、貴志多栄子[2]、
　　　　　　　　今井聖子[2]、森友美[2]
　　　　　　　（1 那智勝浦町立温泉病院　院長、2 独立行政法人　労働
　　　　　　者健康福祉機構　和歌山ろうさい病院）　・・・・59

15 介護老人保健施設での研修としてのコーチング
　　　　　松尾　理（近畿大学医学部名誉教授　近畿大学医学部顧問）
　　　　　　　　　　　　　　　　　　　　　　　　　　・・・・61

16 メディカル・サポート・コーチングスキルを用いた運動療法の取り組み
　　　　　　　森山　善文（名古屋共立病院　ウェルネスセンター）
　　　　　　　　　　　　　　　　　　　　　　　　　　・・・・65

17 コーチングをする vs コーチング・マインドを持った生活をする多種多様コーチング
　　　高橋　優三（兵庫医科大学客員教授・岐阜大学名誉教授）　・・・・68

18 占いと科学
　　　　　平井　みどり（神戸大学医学部附属病院薬剤部）　・・・・74

あとがき　　・・・・・・・・・・・・・・・・76

コーチングの起源と歴史

西垣悦代

関西医科大学
大阪府枚方市新町２－５－１

[抄録]
　本論文は、コーチングの語源、成立の起源、発展の歴史を概観し、今後のコーチングのさらなる発展のための課題と将来の展望を考察した。

キーワード；コーチング、コーチ、歴史、語源

[はじめに]
　コーチングという語の認知度は高く、多くの書籍が出版されているものの、その意味や成立の経緯を理解している人は必ずしも多くはない。本稿では、コーチングの語源、成立の起源、日本におけるコーチングの発展の歴史を概観することにより、コーチングの現在の課題と将来の展望を考察する。

[コーチングの起源]
　日本語で「コーチ」と表記される語は英語の名詞あるいは動詞の coach である。名詞の coach は、*Oxford English Dictionary*（Simpson, J.A & Winer, E.S.,1989）によると、現ハンガリーの地名 Kocs の形容詞形 kocsi を語源として、正式には Kocsi szeker(Kocs cart)と呼ばれた馬車を意味する。同様の語は 16 世紀半ばからほぼ全ヨーロッパ言語で使用されており、現在では旅客馬車、列車の客車、長距離バス、旅客機のエコノミークラス、船の船尾室など、さまざまな乗り物を意味する語として使用されている。指導者を意味する coach は、試験に合格させるために特定科目を指導する個人教授（private tutor）を指す語として1848 年に初めて使われた、オックスフォード大学の学生のスラングであった。家庭教師の力を借りて試験に合格する学生を、楽な乗り物に乗っていることにたとえて揶揄する言葉であったと思われる。その後 1885 年にはボート競技の指導者を意味する語としても用いられるようになっている。*Longman Dictionary of contemporary English* (2003) によると、個人教授やボート競技の指導者から転じて、現在のようにスポーツ全般や特定の状況における言動の振る舞い方の準備を手伝う人という意味にも用いられるようになっている。なお、coaching の語源として、coach には「大切な人をその人の望むところまで送り届ける」という意味があるという説明をみかけることがあるが、これはかなりの意訳であり、*Oxford English Dictionary*（1989）を見る限り、英語の動詞の coach は、語源をたどっても（人や物を）運ぶ、馬車に乗る、指導・訓練する、という意味しか見いだせない。今日使われているコーチングの意味は、指導や訓練の意が汎用化されたものと考えるのが妥当だろう。

　スポーツにおけるコーチングと心理学の結びつきの起源は、運動選手育成の心理学的研究に従事した心理学者 Griffith, C.R.であるとされている（Palmer & Whybrow, 2007）。彼は 1926 年に「コーチングの心理学」（psychology of coaching）という書を著し、のちに「スポーツ心理学の父」と呼ばれるようになった。Griffith はアメリカメジャーリーグ球団シカゴカブスのオーナーに雇用され、プロ野球選手の指導に関わることを期待されたが、当時の監督や選手たちには受け入れられず、再評価されるのは 1960 年代になってからのことである（Palmer & Whybrow, 2007）。しかし、スポーツ界に個人の経験や信念に基づく指導法ではなく、心理学的知見に基づく科学的な分析を持ち込んだ点に、コーチングが今日のようにさまざまな領域に広がる原点があったと見なすことができるだろう。

　日本では Griffith の著書は翻訳されなかったが、1960 年代と 1970 年代に 1 冊ずつ科学的観点から書かれたスポーツコーチングの翻訳書が出版されている。日本人で初めてコーチングと心理学を結びつけたのは、米国の大学院で臨床心理学を学んだ武田建であった。彼は勤務する大学のアメリカンフットボール部の監督でもあり、認知行動療法に基づく米国流のスポーツコーチング術の書を出版し（武田,1982, 1985）、日本におけるスポーツ心理学のさきがけとなった。ただし、最近問題になった、女子オリンピック強化選手に対する男性監督によるハラスメントや、高校男子運動部選手に対する顧問教師の体罰が原因と思われる自殺事件などを見る限り、武田の紹介したコーチングが日本のスポーツ界に与えた影響は、限定的であったのではないかと推測される。

　一流のスポーツ選手や監督のトレーニング法や選手育成法、あるいはチームづくりから、ビジネスにおける経営や人材育成に何らかの示唆を得ようとする試みは、洋の東西を問わず盛んである。日本でも有名なサッカー選手、野

球選手や各種スポーツの監督の著書がベストセラーになることがあるが、読者の大半はそれらのスポーツとは直接関わりのない人々である。Peltier, B.は、卓越した能力を持つ一流スポーツ選手や監督に一体感を抱き、そこからチームワークやパフォーマンスの向上について何かを学びたいという期待が、今日のエグゼクティブ・コーチングのルーツに繋がっていると指摘している（Peltier, 2001）。日本では、エグゼクティブ向けというよりは、企業の中間管理職を読者層に想定した野球、サッカーなどのチームスポーツの監督の執筆した書物が多数出版されているが、同様の理由で人気があるのだろう。

　経営学の分野で最初に coaching という語が使用されたのは 1959 年刊のハーバード・ビジネススクールの Myles Mace による著書、*"The growth and development of executives"* であるとされている（本間・松瀬, 2006）。工場や機械設備だけでなく、企業家自身の成長やマネジメントの対象としての人の重要性を説いた人間中心の考え方は当時としては画期的であったと考えられる。経営の中における「人を育てる」という側面をあらわす思想の中で coach と言う語が使われたことは興味深い。しかしもちろんそれは、今日のような組織改革や自己変革のために体系化された「コーチング」やその実践者としての「コーチ」を指していたわけではない。[i]

[商業コーチング成立の経緯]

　コーチングは特定の人物によって考案されたわけではなく、成立の背景となっているいくつかの要因が存在する。そのひとつは 1960～1970 年代にアメリカを中心に興隆した人間性回復運動（Human Potential Movement: HPM）である。実存主義と人間主義を思想的ルーツに持ち、アメリカ西海岸で発生したヒッピー文化など社会的、政治的活動と結びついたこの運動は、さまざまな自己啓発法、コミューン（共同体）などを誕生させた。人間性回復運動は、「独自の道徳観、指導者、預言者、仲間を持った多面的で反体制的な熱い宗教のようなもの」であったと言われ、成長や自己実現を重視する Maslow, A.H.の人間主義心理学の影響を特に強く受けたと指摘されている（Grant, 2008）。

　Maslow（1954）は、「心理学はこれまで人間のポジティブな側面よりも、ネガティブな側面の研究において、はるかに成功を収めてきた。人間の欠点、病気について多くのことがわかってきたが、人間の潜在能力、美徳、何かを成し遂げようとする熱意についてはほとんど明らかにされてこなかった。それはあたかも、正当な支配権の半分、はっきり言うと、より暗い劣った半面にしかあえて目を向けてこなかったかのようである。」と述べ、人間主義心理学を提唱したが、これが自己成長や自己援助（self-help）を目指す人間性回復運動の趣旨と合致したことから影響を与えた。初期の商業的ライフ・コーチングは、こういった社会全体のムーブメントの中から発生したという経緯もあって「なんでもあり」「反主知主義」「科学的検証への猜疑心」という特徴を持っていたと Grant（2008）は指摘している。たしかに Maslow の人間性心理学そのものが、それまでの行動主義心理学や精神分析への批判的立場から出てきているため、初期のコーチングが既成の学問体系に対して背を向けていたことに不思議はない。また、Maslow と共に人間性心理学会の設立に中心的役割を果たした人間性中心療法の Rogers, C.のカウンセリング技法と、現在でも使われているコーチングの中心的な技法（共感、傾聴、承認、I-メッセージ）との間には多くの共通点があり、かなりの影響を受けたことが伺える点についても、これらの背景を考えると納得がいく。人間性心理学に留まらず、コーチングの「うまくいくものは何でも使い、うまくいけばさらにそれを使う」という「なんでもあり」の方針は、現代の商業的コーチング産業が初期に発展を遂げる大きな力となったと Grant（2008）は指摘している。

　今日、全世界でコーチ養成の組織は数えきれないくらい存在するが、アメリカにおける大手養成機関で日本にも導入されている代表的組織がふたつある。そのひとつ、コーチ・ユニバーシティ（coach university）を創設した Leonard, T.はもともとファイナンシャルプランナーであったが、当時流行していたある自己啓発セミナーに参加したことがきっかけで「価値ある人生と仕事をつくる」ためのコンサルティング（パーソナル・コーチング）を 1982 年から始めた。彼は Rogers のカウンセリング理論や NLP（Neuro-Linguistic Programming）などをもとにカリキュラムを作成し、コーチングの教育プログラムを体系化し、1992 年にコーチの養成機関「コーチ・ユニバーシティ」を設立した。コーチ・ユニバーシティの特徴のひとつは、電話によるテレクラスを採用し、対面せずとも受講者がどこからでも参加できる仕組みを作ったことである。

　日本ではコーチ・トゥエンティワン（代表：伊藤守）がコーチ・ユニバーシティからライセンスを取得し、1997 年からコーチ養成事業を展開している。コーチ・トゥエンティワンは同代表によって設立されたコーチ・エィと 2001 年に統合されている。コーチ・エィの代表取締役社長伊藤守氏は 1980 年に iBD（it's a beautiful day:今日は素晴らしい）という会社を設立し、自己啓発セミナーを展開していた（伊藤守氏 HP より）。伊藤氏の著書「今日は素晴らしい」（伊藤, 1990）には、iBD 設立当初、同氏が社員を自宅に住まわせて朝５時からファシリテーションのトレーニングを行っていた頃の様子が描かれている。iBD は「自らの価値に気づく」ためのアウェアネス（気づき）トレーニングを開催し、１日１回声に出して「今日は素晴らしい」と言う、二人一組で「わたしはあなたに～できる」と大声で言い合うなどのエクササイズを行っていたことが紹介されている。米国と日本のいずれにおいても、1980 年代当時自己啓発セミナーとコーチングとの間に深い繋がりがあったことがわかる。

アメリカのもうひとつの大手コーチ養成機関であるCTI(The Coaches Training Institute)も、1992年に設立されている。創設者はLaura Whitworth, Karen Kimsey-House, Henry Kimsey-Houseの3名で、Leonard, T.とも協力関係があったとされる。CTIの特徴は、コーアクティブコーチング（Co-active coaching）の考えに基づき、in-personすなわち対面式のワークショップ養成を行っていることである。対面式の養成校としては世界最大規模で、現在までに35000人のコーチを養成したと謳っている。「コーアクティブ」とは、「協働的」という意味で、コーチをする側と受ける側がともに対等な立場で、互いの持っている力を存分に発揮し合いながら、望ましい変化を一緒に創り出していく、という考え方や関わり方を表している。4つの礎と呼ばれる以下の基本原理に基づくコーチングが行われている。1．クライエントはもともと完全な存在であり、自ら答えを見つける力を持っている。2．クライエントの人生全体を取り扱う。3．主題はクライエントから。4．クライエントと共に、その瞬間瞬間から創り出す。米国でCTIのトレーニングを受けた榎本英剛氏によって2000年に設立されたCTIジャパンでは、CTIのライセンスのもと10年間で5000人以上の受講生のトレーニングを行っている（CTIジャパンHP）。

これらの代表的コーチング機関のプログラムについて、米国のコーチ・ユニバーシティの課程とCTIジャパンのコースの両方を修了しているICF認定プロフェッショナルコーチである本間正人氏は、インタビューの中で以下のように述べている（岡本呻也, HPより）。

運営者： コーチ・ユニバーシティとCTIの方法には、大きな違いがあるんでしょうか。

本間： ぼくはやっと、CTIジャパンのフルコースを終ったところなんですが、コーチ・ユニバーシティと、ルーツは同じところにあると感じました。70年代に西海岸で発生した人間性の心理学とか、セルフ・アウエアネス・ムーヴメントとかの流れを汲んでいると思いますね。

運営者： 科学だと考えていいでしょうか。因果律に基づいているとか、論理的な一貫性があるかという観点からいくと。

本間： 体系的ではありますが、科学的であるかどうかというと、どうでしょうか。科学よりは禅に近いかもしれませんね。

以上に述べたように、コーチングは、特定の人物や会社によって作り出されたものではない。一部のコーチングの書物には、Leonard, T.の発明であるかのような記述が見受けられるが、独特な時代背景の中で、さまざまな要因が組み合わさり、互いに影響し合いながら形成されてきたものなのである。

[コーチングの課題と展望]

上述したようなコーチングの前史とも言うべき人間性回復運動との関べき人間性回復運動れているコーチングの書物で触れられることは少ない。また、コーチングの背景理論についても、同様に曖昧なままにされていることが多いのは、成立過程の複雑さと成立初期における科学性の否定、さらには日本独自のコーチングの発展のしかたによるところが大きいと思われる。本節ではその点を解きほぐすため、コーチングの定義や近接領域との区別、さらにコーチの専門性について考察する。

イギリスの元F1レーサーでパフォーマンスコンサルタントのWhitmore, J.はスポーツ界などに見られる従来のコーチングと彼の目指すコーチングの違いを、その語源の馬車にたとえて次のように述べている。

「従来のコーチは、馬に引かれた旅客馬車が乗客をあらかじめ決められた場所に決まった道筋をたどって連れていくように導く。これに対して（彼の提唱するコーチングでは）、コーチはコーチー（coachee：コーチングを受ける人）の傍らに座り、知識や経験を授け、その道程で適切な目印に注目させ、達成を促進し、可能性を最大限に高める旅に出る。」（Whitmore HPより。日本語訳は筆者による。）

コーチングにはクライエントの望むところに連れていく伴走者という意味がある、という一般書によく見られる説明は、Whitmoreのこの比喩が使われている可能性がある。Whitmoreはコーチングを「個人の潜在能力を解き放って、彼ら自身が最大限に力を発揮できるようにするものである。それは教えるというより自らが学ぶことを助けるものである（Whitmore, 1992）と定義している。この定義ではコーチングの学習者（＝コーチングを受ける人）を中心とする考え方が強調されている。それ以外の定義としては、Downey, M.による「コーチングとは相手の能力、学習、そして成長を促進させる技法である」や、Parsloe, E.による「コーチングとは教え指示することで、個人の活動能力をすみやかに伸ばして技能を高める仕事に直接かかわっている」（Palmer & Whybrow, 2008)、Green, J. &Grant, A. M.（2003）による「コーチングは結果に焦点を当てて、協力的な目標設定やブレーンストーミング、活動計画を通して自己志向的な学習を育てることを目指す活動である」などがある。

一方、日本コーチ協会は、そのHPでICF（International Coach Federation：国際コーチ連盟）の定義に基づきプロフェッショナル・コーチングを説明している。その要点は以下の4点である。①専門的トレーニングを受けたコーチとクライアント[ii]が目標を設定し、成果を達成していくためのパートナーシップである。②クライアントとコーチは会話を通じてコミュニケーションする。③コーチングのプロセスでは、クライアントがより効果的に行動できるように焦点を絞り、選択肢を明確にし、現在地と向かう先の位置を意識させる。④クライアントはコーチのサポートにより、自己の責任において意思決定、選択、行動を起こす。また、コーチ・エィは、同じくICFのコーチングの定義として、「コーチングはクライアントの生活と仕事における可能性を最大限に発揮することを目指し、創造的で刺激的なプロセスを通じ、クライアントに行動を起こさせるクライアン

トとの提携関係を指す」と紹介している（コーチ・エィ HP）。この定義はオリジナルの英文に近い訳である。またコーチ・エィのテキストではコーチングの定義を「目標達成のために必要なスキル・知識・ツールを棚卸しし、テーラーメイドで備えさせるプロセス」としている。

一方、CTIはコーアクティブコーチングを他のコーチングと区別して、「『コーアクティブ』というのは『協働的』という意味で、コーチングをする側（コーチ）と受ける側（クライアント）が対等なパートナーとして、クライアントが心から望むような人生を生きられるよう、互いに力を合わせるという、その関係性にひとつの大きな特徴がある。」としている(CTI HP)。これらの定義には、コーチングがコーチとクライエントの関係性の中で成立する、個人の成長や目標達成のためのプロセスや活動であることが示されている。

しかしこれらの定義がある一方で、日本で市販されている一般読者向けのコーチングの書物では、コーチングをコミュニケーションスキルであると紹介している場合が多い。たとえば、日本におけるコーチングの先駆者の一人である本間（2001）はビジネスコーチングを「人間の無限の可能性と学習力を前提に、相手との信頼関係のもとに、一人ひとりの多用な持ち味と成長を認め、適材適所の業務を任せ、現実・具体的で達成可能な目標を設定し、その達成に向けて問題解決を促進するとともに、お互いに学び合い、サポートする経営を持続的に発展させるためのコミュニケーション・スキル」と定義している。また、原口（2008）はコーチングの解説書の中で「コーチングとは『よりよいコミュニケーションを行えるようにする』という目的に対して、『役に立つ技術』を集めて作り上げた、コミュニケーションスキルアップの体系」であると説明している。またコーチ資格を持つ医師である出江の編著書では、「コーチングとは『コーチ』が使うコミュニケーション技術のことで、相手の自発的な行動を促進させることにより、目標を明確化し、現状とのギャップを分析することで自身の行動計画を自ら立案し、実行することを可能にすることを目的としたものである」（出江, 2009）と記している。さらに管理栄養士として「食コーチング」を実践・指導している影山（2007）は、「『コーチング』はおもに会社などの組織内のチームワークをよくすることを目的としたコミュニケーションスキルです」と紹介し、自らの食コーチングを「主として食生活の面から、人の健康と生きがいをサポートするコミュニケーションスキルです。」と定義している。

コーチングをコミュニケーションスキルであると定義してしまうと、たとえその前後にさまざまな説明を加えたとしても、コーチとクライエントの関係性や、個人の成長目標や行動、コーチングのプロセス全体への視点など、コーチングの最も重要な部分がコーチングの学習者に十分に伝わらない恐れがある。テクニックのみに関心が向くことにより、クライアント中心ではなく、企業の論理やコーチングを行う上司や医療者の目標が優先され、その実現のために利用されるといった、間違った用い方をされることが懸念される。コーチングの学術的定義の不十分さについては諏訪（2011）も指摘しており、その原因として心理学者や教育学者などのアのアカデミックな専門家がほとん与してこなかったことを挙げている。

コーチングの定義については、日本ほど混迷していない英国でもさまざまな議論がある。自身もコーチング指導者である Bachkirova,T.は「コーチングの本はたいてい『人々の最大の可能性を引き出すための支援の方法』といった定義から始まるが、それらはメンタリング、カウンセリング、トレーニングなどの近接領域との違いが明確にされていない」（Bachkirova, et al., 2010）と指摘している。さらに、「コーチングをその目的、対象とするクライアント、プロセスなどとその組み合わせによって定義する試みもあるが、これらもまたメンタリング、カウンセリング、トレーニングとの差別化が難しい。なぜならこれらの根本的な目的はみな同じだからだ。」と述べ、「コーチングの独自性を創出するのは未解決の課題である」とまで言っている（Bachkirova, et al., 2010）。

とはいえコーチングと近接領域、たとえばカウンセリングや心理療法とのすみ分けについては次の点においてある程度の一致をみているようである。それは、コーチングは臨床的なレベルの心的問題を抱えた人の問題解決は扱っていないということと、たとえコーチがカウンセラーの資格も併せ持つ場合でも、コーチングの中で心理療法を行うことは避けるべき、という点である。コーチングが対象としているのは原則として心身の健康な人である。クリニカル・サイコロジスト[iii]の資格を持つプロコーチ Kauffman, C.は、コーチングと心理療法の違いを以下のように表現している。「心理療法は人の苦痛を和らげ、コーチングは快適な安住に挑戦する」「心理療法は涙と癒しの旅、コーチングは夢と繁栄の旅である」（Kauffman, 2011）。また、Bachirova（2007）は、コーチングとカウンセリングの区別について、次のように述べている。ある人がコーチングやメンタリングを受けるにあたってそのことを個人で判断し、費用を自己負担している場合には、コーチングの目標は個人的および職業的な成長ということになり、カウンセリングとの違いは少なくなる。一方、コーチングやメンタリングが会社や組織主導で実施されたり、その費用を負担している場合は、コーチングの目標は組織にとって有益な方向に向けられるため、目標が完全に個人の自由に委ねられるカウンセリングとの違いが明確になる。

次にコーチングを実践するコーチの養成や資格の問題について述べたい。Grant（2008）は、「コーチングはビジネスであり、専門的職業ではないので、そこへの参入に障壁はなく、コーチになるための規則もなく、政府認可の資格付与もなく、はっきりした権限を持つ機関もない。」と、商業主義が先行し、誰かがある日突然自ら「マスターコーチ」を名乗って起業し、「コーチング」を始めても誰からも答められることのない状況に懸念を表明している。Grant

（2008）によれば1990年代末にコーチング市場を支配していた英米の商業的コーチ養成プログラムはしだいに論理的でなくなっていたという。また、臨床的な水準にある心理的問題を抱える依頼者を見抜くことができずに悪化させるといった問題も発生している。これは日本においても同様で、コーチ養成会社が乱立し、トレーニング内容に十分な品質保証ができない団体もかなりの数存在していることを本間（本間・松瀬，2006）が指摘している。

これらの問題に対してコーチング業界の中からコーチの資質の維持・向上、資格認定、倫理規定の設置などを通して業界の信用を高める活動も出てきた。International Coach Federation(ICF：国際コーチ連盟　1996年設立)、Association of Coaching(AC：コーチング協会　2002年設立)、European Mentoring and Coaching Council(EMCC：ヨーロッパメンタリング・コーチング協議会）などの団体が相次いで設立され、これらの活動を担っている。ICFは世界50カ国160団体が加入しており、2013年6月現在ICFの基準を満たしたコーチ養成プログラム（ACTP）を、日本語を含む言語で提供している団体は5つあり、そのうち日本で事業を展開している団体は3つである。また日本でも1999年にICFの倫理規定に基づいて活動する日本コーチ協会が設立され、2000年にNPOの認証を受けている。

ただし、日本でのこれらの活動はまだ緒に就いたばかりである。また、現在活動しているすべてのコーチがICFの認証を受けたコースを修了しているわけではないし、日本コーチ協会に参加しているわけでもない。発行されるコーチ「資格」も、あくまで民間の資格であり、その発行団体はさまざまである。コーチング先進国であるアメリカやイギリスにおいても、今後コーチが専門職（profession）として認められるためにはまだ乗り越えるべき種々の課題があるとされている。Lane, D.ら（2010）が指摘している点は以下の通りである。1．現在のところ、一般に認められたコーチ固有の明確なスキルが存在しない。2．さまざまなコーチ訓練プログラムは存在するものの、コーチとして仕事をするために必須の訓練や教育はない。3．世間や関連領域の専門職は、コーチを専門職（profession）とはみなしていない。4．コーチ実践家の確立された共同体が存在しない：たとえば国際コーチ連盟（ICF）のような団体に所属しているコーチは半数以下である。5．コーチが実践の基礎とすべき明確な理論が欠如している。

このような指摘をされるということは、欧米ではコーチの存在が社会の中で認識されつつあり、また専門職として独自の地位を築こうとする過程にあるがゆえと見ることもできる。よってこれらの課題をクリアし、コーチの質の担保が十分にできるかどうかが、今後、日本も含めたコーチングの将来の発展を左右する試金石となると思われる。

［終わりに］
日本におけるコーチングは曲がり角に来ているとか、飽和状態だと言われることがある。しかし、本稿で指摘したような課題を乗り越えることで、さらなる発展の余地は十分にあると思う。一方コーチングは、日本の医療の中にも取り入れられ、活用されるようになってきた。エビデンスを重視する医療の中でコーチングが一時の流行に留まらず、根付き、発展していくためには、ビジネスの世界で通用するコーチングをそのまま借用するのではなく、理論と実証研究に基づいたエビデンスベースドコーチングを構築していく必要があるだろう。医療におけるエビデンスベースドコーチングを目指す者はその前提として、本稿で概説したようなコーチングの定義や背景理論、発展の経緯を十分に理解しておくことが、必要であると考える。

［謝辞］
本論本論文は、西垣悦代「ヘルスコーチング望：コーチングの歴史と課題を基に」支援対話研究1, 7-22. (2013)の一部の章を特別に許可を得た上で改変・収録したものである。

本研究は、文部科学省科研費基盤研究（C）「日本におけるヘルスコーチングの可能性：コーチング心理学に基づく基盤の確立」の助成を受けた。

［文献］
1) Bachkirova, T. Cox, E. and Clutterbuck, D. (2010) *The Complete Handbook of Coaching.* London: Sage.
2) Bachkirova, T. (2007). Role of coaching psychology in defining boundaries between counseling and coaching. In S. Palmer and A. Whybrow (Eds.), *Handbook of Coaching Psychology.* East Sussex: Routledge. Pp351-366. （バヒローワ, T. カウンセリングとコーチングの境界を明確化するさいのコーチング心理学の役割　コーチング心理学ハンドブック（2011）pp412-430 堀正（監訳）金子書房）
3) Bullon, S. (ed.) (2003) *Longman Dictionary of Contemporary English, New Edition.* Essex: Pearson Education Limited.
4) CTI HP http://www.thecoaches.com/why-coaches-training-institute/about-cti/ (2011.12.22. アクセス)
5) CTIジャパン HP http://www.thecoaches.co.jp/cti/why.html (2011.12.22. アクセス)
6) Donner, G. & Wheeler, M.M. (2009) *Coaching in Nursing: An Introduction.* The International Council of Nursing and The Honor Society of Nursing, Sigma Theta Tau International. Geneva and Indianapolis.
7) Grant, A. (2007). Past, present and future: the evolution of professional coaching and coaching psychology. In S. Palmer and A. Whybrow (Eds.), *Handbook of Coaching Psychology.* East Sussex: Routledge. pp23-39. （グラント, A. 過去、現在そして未来―プロフェ

ッショナルコーチングとコーチング心理学の発展 *Handbook of Coaching Psychology.* コーチング心理学ハンドブック(2011) 堀正(監訳) pp26-45. 金子書房)
7)Green, J. & Grant, A. M. (2003) *Solution-focused Coaching: Managing people in a complex world.* London: Momentum Press.
8)原口佳典 (2008) 人の心を引き出すコーチング術 平凡社
9)本間正人 (2001) 「入門」ビジネスコーチング PHP研究所
10)本間正人・松瀬理保 2006 コーチング入門 日本経済新聞社
11)ICF HP http://www.coachfederation.org/icfcredentials/prospective-students/ (2011.12.23. アクセス)
12)伊藤守 HP http://www.itoh.com/profile/ (2011. 12.23. アクセス)
13)伊藤守 (1990) 今日は素晴らしい (株)ディスカヴァートゥエンティワン
14)出江紳一 (2009) リハスタッフのためのコーチング活用ガイド 医歯薬出版
15)影山なお子 (2007) 食コーチング 医歯薬出版
16)Kauffman, C. (2011) Workshop at the 2nd World Congress on Positive Psychology: *Basic Step to Implement Positive Psychology into Practice.* 配布資料
17)コーチ・エィ HP http://www.coacha.com/ (2013. 6.23 アクセス)
18)Lane, D., Stelter, R., and Roston, S. S. (2010) The Future of Coaching as a Profession. Cox, E., Bachkirova, T. and Clutterbuck, D. (eds.) *The Complete Handbook of Coaching.* pp357-368. London: Sage.
19)Maslow, A.H. (1954) *Motivation and Personality.* New York: Harper.
20)岡本呻也 人間力 インタビュールーム http://www.nin-r.com/homma/07.htm (2011.11.5.アクセス)
21)Peltier, B. 2001 *The Psychology of Executive Coaching: Theory and Application.* New-York: Brunner-Routledge.
22)Simpson, J.A. and Weiner, E.S. (1989) *The Oxford English Dictionary, Second edition.* Oxford: Clarendon Press.
23)武田建・柳敏晴 (1982) コーチングの心理学 日本YMCA同盟出版部
24)武田建 (1985) コーチング：人を育てる心理学 誠心書房
25)Whitmore, J. (1992) *Coaching for Performance.* London: Nicholas Brealey.
26)Whitmore, J. HP http://www.performanceconsultants.com/header-coaching/what-is-coaching (2011.12.18. aアクセス)

---

[i] 日本のビジネス界でコーチングが知られるようになったのは、日産の管理職研修に採り入れられたことが大きいと考えられる。当時ルノーの子会社となっていた日産の社長兼最高経営責任者に就任したカルロス・ゴーン（Carlos Ghosn）氏が、企業風土を変えるために外部の会社に委託して実施したものであったが、日産が（他の改革とも相まって）目覚ましい業績回復を見せたところから注目を集めた。

[ii] 本論文ではclientをクライエントと表現しているが、引用元がクライアントと表記している場合は、それに従った。

[iii] 米国のclinical psychologistは日本の臨床心理士とは、職務権限、訓練時間やその内容が異なるので、区別するためクリニカル・サイコロジストとした。

コーチング心理学の展望

堀 正

パーソナルコミュニケーション研究室

[Abstract]　Coaching psychology has only a short history, although coaching has a long history. This paper shows how coaching appeared and developed into coaching psychology. Grant and Palmer (2002) define that coaching psychology is for enhancing well-being and performance in personal life and work domains underpinned by models of coaching grounded in established adult learning or psychological approaches. Many psychological theories have helped coaching psychology to be an academic research field. The study of the psychology of coaching goes back to psychological observations about football and basketball. In the present day, however, coaching psychology has a wide range of applications in everyday life and industrial organizations far beyond the coach-athlete relationship.

1．「コーチング」から「コーチング心理学」へ

「コーチング」（coaching）あるいは「コーチングの心理学」（the psychology of coaching）の歴史は長いが、「コーチング心理学」（coaching psychology）の歴史は短い。

Palmer and Whybrow（2007）によると、早くも1918年にグリフィスはフットボールやバスケットボールについて心理学的な観察を行っていた。学位取得後、彼は米国イリノイ大学の助教授となり、運動選手のために心理学に基礎を置く科目を作り、その後、彼は同大学に運動研究実験室を設置した。この実験室は「さまざまな運動競技を行っているときの人間行動について実験的・心理学的研究を行うための特別な施設」（Griffith, 1926：vii）であった。グリフィスは「コーチは単なるインストラクターではなく教師であり、人の性格を作り上げる者（character builder）、人のパーソナリティを形作る者である」（Griffith, 1926：2）と述べている。彼が著した『コーチングの心理学』（Psychology of Coaching）はコーチの持つ幅広い側面をカバーし、学習の原理や法則についても言及していた。

1938年に、大リーグのシカゴカブズのオーナーであったリグリーはチームを良くするためにグリフィスを雇い、チームに科学的なトレーニング技術を導入しようとしたが、多くの反対にあい、その計画は道半ばで終わった。

この分野でのグリフィスの著書や研究論文が1960年代に再発見され、彼が大リーグに雇用された初めての専門心理学者であることが知られるようになった。現在、グリフィスは米国スポーツ心理学分野の「父」と考えられている。

以上のような経緯を考えると、「コーチング」あるいは「コーチングの心理学」の歴史は長いということができる。

それでは、「コーチング心理学」の歴史は短いという理由はどのようなものだろうか。2002年に開催された英国心理学会（BPS）カウンセリング心理学部門の年次総会のコーチング心理学ワークショップで、パーマーは次のようにコーチング心理学を定義した。

　コーチング心理学は、すでに確立されている療法的アプローチに基づくコーチングモデルを援用することで、臨床的な問題を持たない人々の職場や個人的生活領域での能力を高めるためにある。（Grant and Palmer, 2002）

その後、この定義は、パーマーがBPS内にコーチング心理学特別グループ（SGCP）を設置するという初提案を行った際に使われた。この提案がBPSの委員会内で承認されたことで、コーチング心理学の上記の実践的定義がその後発展を遂げた。

BPS内にある職業心理学、教育心理学、健康心理学、臨床心理学、カウンセリング心理学などの下位部門の心理学者たちがSGCPに参加するようになると、この定義をもっと包括的にしようという提案がなされた。さらに、専門的実践についてのBPS会議の後に「臨床的な問題を持たない」（non-clinical）という用語が削除された。

SGCPの実践的定義は次のように修正されることとなった。

　コーチング心理学は、すでに確立した大人の学習や心理学的研究法に基礎を置くコーチングモデルの助けを借りて、個人生活の質や職場での能力を高めるためにある。（Grant and Palmer, 2002を一部変更）

2000年にアンソニー・グラントはコーチング心理学の時代が来たと宣言した。その数年後にCavanagh and Palmer（2006：5）は「コーチング心理学の理論、実践、研究の基盤は急速に発展している」と述べた。このように、今世紀に入って、コーチング心理学は研究と実践のいずれの領域においても、急速に拡大しつつある応用心理学の一分野になってきた（Grant, 2006a；Cavanagh and Palmer, 2006）。この意味で、「コーチング心理学」の歴史は短いと考えることができるのである。

2．コーチングの必要性

心理学には臨床心理学という応用領域がある。臨床心理学は精神疾患や心理的問題の治療・解決あるいは人々の精神的健康の増進に貢

献することを目指す心理学の一分野である。つまり，何らかの精神的問題を抱えている人々を正常な状態に持っていくことが臨床心理学では求められている。コーチングは，臨床的な問題を持たないクライアントの成長や発達を助け，その幸福のレベルを高めるために行われる。そして，こうしたことを的確に行うためには，人間についての十分な知識が必要になってくる。そこで，心理学の出番となるのである。上述したように，コーチングは長い歴史を持っている。コーチングのなかで心理学が果たしてきた役割は大きい。

コーチングが「コーチング心理学」へと発展する途上で大きな影響を与えた領域の一つが「人間性心理学」（humanistic psychology）である。この領域の創始者マズローは，心の健康，人間の自己実現を研究した。彼は人間の欲求の階層モデル（マズローの欲求のピラミッド）を提唱したことでよく知られている。

もう一つ忘れてならない領域はポジティブ心理学（positive psychology）である。ポジティブ心理学の出現は1998年にさかのぼる。この年に行われた米国心理学会の基調講演でSeligman（1999）は，第二次世界大戦前に提出された3つの使命（精神的病気の治療，すべての人々がもっと生産的で自己実現的な生活を送れるように手助けすること，そして，個人のより良い才能を見つけ出し，それを伸ばすこと）のうち後者の2つを心理学が見過ごしてきたことに言及した。この講演が弾みとなってポジティブ心理学推進委員会が設置され，続いて第1回のポジティブ心理学サミットがワシントンDCで開催された。ポジティブ心理学が目指すのは，幸福，智恵，創造性，人間の強さといった核となる研究テーマとともに，人間が幸福で自己実現を遂げて成長していくために必要な条件に焦点を当てながら，人間の最適な活動について科学的に研究することである。マズローが1950年代半ばに述べていた次のことばは，ポジティブ心理学の出現を予測していたかのようである。

　　心理学という科学はこれまで人間のポジティブな側面よりもネガティブな側面の研究において，はるかに成功を収めてきた。人間の欠点，病気について多くのことが分かってきたが，人間の潜在能力，美徳，何かを成し遂げようとする熱意についてはほとんど明らかにされてこなかった。
　　　　　　　　　　　（Maslow, 1954：354）

改めてコーチングとは何かをまとめておく。3人の著名な研究者や実践家はコーチングを次のように説明している。
・コーチングは個人の潜在能力を解き放って，彼ら自身が最大限に力を発揮できるようにするものである。それは，教えるというより彼らが学ぶことを助けるもの―促進的アプローチ―である。（Whitmore, 1992, 名テニスプレーヤのティム・ギャルウェイによる）
・コーチングとは，他者の行動，学習そして発達を促進させる技法―促進的アプローチ―である。（Downey, 1999）
・コーチングとは，教え指示すること―指示的アプローチ―で技能を即時的に高めて発展させることに直接的に関わっている。（Parsloe, 1995）

3．現代のコーチングの特徴

すでに述べたように，コーチングとは，クライアントが深刻な精神的問題をもたず，解決策を自ら進んで求めることを前提とし，ブレーンストーミングや行動計画を通じて，自ら方ストけられた学習を後押しすることを目的とした活動である。

個人や組織の変革を進めるために，現代のコーチングは複数の学問領域からなる方法論を使っている。しかもコーチになるための条件は特に設けられていない。Grant and Zackon（2004）が2529名のプロコーチを対象として行った研究からは，極めて多様な経歴を持ってコーチングを行っていることが明らかになった。内訳は，コンサルタント（40.8％），マネージャー（30.8％），管理職（30.2％），教師（15.7％），営業職（13.8％）であり，心理学を背景としてコーチングを行っているとの回答は，わずか4.8％であった。

こうした多様性は長所であると同時に短所でもある。前述の職業的経歴の多様性は，コーチング業界がコーチングに対して幅広いアプローチ方法を持っており，幅広い学問領域がコーチングの実践に関わっていることを示すもので，長所と捉えられる。一方で，こうした多様性と，多くの人たちがコーチング業に携っているということは，コーチングの本質を見失わせ，どうすれば能力があり信頼できるコーチを育成できるかという点に疑問を投げかけることとなる。

コーチになるための最低条件が設定されていないということは，最低限の共通する学問的基盤がないということを意味する。現状では，ほとんどのコーチが行動科学に基礎を置く学問的背景を持たず，ほとんどのコーチ養成プログラムが理論的基盤を持たない独自のコーチングモデルをもとに，きわめて短期の講習によってコーチングの資格を与えている。

ここからさまざまな問題が生じる。よく訓練されていないコーチは，非論理的であっても万能だと信じるコーチングを導入する傾向があり，その結果，自らの精神的健康問題を自覚していないクライアントに被害をもたらす可能性がある。しかし，心理療法やカウンセリングが失敗したという衝撃的な新聞記事や，自己啓発やコーチングが隆盛を極めていることへの非難をこめた論評記事を通じて実態が明かされるほかは，本当の状況を理解するのは難しい。

こうした状況の打開策は，コーチングの資格化でありコーチの信頼性確保であろう。

4．コーチングの資格化とコーチの信頼性確保

コーチングは学問領域として確立されるより早く，その社会的ニーズから産業として盛んになっている。こうした実践的領域で，コーチングの資格化やコーチの信頼性確保が叫ばれている。一般人は，コーチングの資格は言うまでもなく，いろいろな心理学的資格や認定の重

要性について十分な教育を受けていない。そのため一般人が頼りとするのは，印象的で聞こえのよい宣伝文句である。

商業的コーチ養成機関は，数日間の訓練を受け，一定の料金を支払えば，たとえば「認定ライフコーチ」の資格がもらえるような資格製造工場であるといっても過言ではない。したがって，コーチング産業が生み出す資本のほとんどは，コーチング実践者による実際のコーチングからよりも，商業的コーチ養成機関からもたらされている可能性が高い。

もちろんアカデミックな領域では，コーチング協会（the Association for Coaching）や欧州メンタリング・コーチング協議会（the European Mentoring and Coaching Council）が資格認定手続きの策定において重要な働きをしており，オーストラリアや英国においてコーチング関連の学会が設立されてきている。しかし，コーチングの専門性と信頼性の基盤はまだ弱いままである。

5．コーチング心理学者がよって立つ心理学理論

すでに述べたように，心理学を背景としてコーチングを行っているとの回答はわずか4.8%である。カウンセリングの領域では多くの心理学理論が考え出され，実際に使われてきた。コーチングの分野においても確固とした心理学理論にもとづいて実践が行われる必要がある。ここでは，Palmer and Whybrow（2007）をもとに簡単にその心理学理論をまとめる。

(1)行動論的コーチング（behavioral coaching）

これはパブロフ，スキナー，バンデュラらの心理学的研究から出てきたもので，この方法を使うと，コーチングを受ける人が自らを動機づけて自ら報酬を得る行動システムを作り出すことができる。良く知られているのは1980年代にアレクサンダーが開発したGROWモデルである。これは，まず目標（Goals）を設定し，ついで現実（Reality）を見直し，選択肢（Options）を考え出し，進む道（Way forward）を決めるという4段階からなっている。伝統的に心理学モデルとは見なされておらず，心理学的訓練を受けていないコーチに適したものである。

(2)認知行動論的コーチング（cognitive behavioral coaching）

これは，認知的，行動的，想像的そして問題解決的な技法や方策を統合的に使い，コーチングを受ける人が自分の現実の目標を達成することを可能にするコーチング手法である。このコーチングには2つの前提がある。一つは，人が問題解決スキルを十分に作り上げていないかもしれず，あるいはそうしたスキルをすでに持っているのだがストレス状況下ではうまく利用できないかもしれないという前提である。もう一つは，人がどう感じ行動するかは，その人が持っている信念によって，その人が特定の事態や問題をどう評価するかによってほぼ決定されるという前提である。

Edgerton and Palmer（2005）はSPACEモデルを提案している。たとえば仕事についての面接（Social context：社会的文脈）を受ける個人が，その仕事の場が耐え難くなっていると認知する（Cognition/appraisal：認知／評価）。このネガティブな評価が不安状態（Emotion：情動）をもたらし，不安に対する身体的反応として発汗や体の緊張を増加させるかもしれない（Physiological：身体的）。その結果として待合室で行ったり来たりする（Action/behavior）かもしれない。

(3)実存主義的コーチング（Existential approach to coaching psychology）

この方法は，クライアントが作り出す意味と，彼がこの世界のなかで受入れる関係とによって表されるクライアントの存在様式を構造的に探求することに焦点を当てている。この方法は哲学的な基礎を持ち，人間の経験は不確実であることを免れがたく，それゆえに，予期できない新しい可能性に対して常に開かれていると主張する。

実存主義的理論では人間が「意味を作り出す」存在であると主張する。われわれは「意味」の欠如や喪失に悩まされ，われわれの意味に戦いを挑むそうした経験を避けたり否定したりしようとしようと躍起になるのである。また，意味を明確化し捉えようとする存在として，われわれが作り出す意味のなかで避けがたい不確実性や特異性を経験することは「不安」の一つである。これはしばしば実存主義的不安と呼ばれる。「選択」という実存主義的考えは，いかにあるべきか，何をすべきかをわれわれが際限なく選択できる自由を持つと誤解されているが，正しくは，選択の自由が与えられている相互関係的文脈の範囲内で，われわれは自由に選択できるということである。

実践的には，クライアントが対話のなかで4つの相互関係的領域を探し出す方法がある。第一は「自分に焦点が当てられる出会いの領域」（I-focused realm of encounter）で，ここでは，与えられた関係のなかで「自分自身である」ことの経験を明確にするのである。第二は「あなたに焦点が当てられる出会いの領域」（You-focused realm of encounter）であり，ここでは，「他者」が私とどのような関係にあるかという経験を明確化することが求められる。第三は「われわれに焦点が当てられる出会いの領域」（We-focused realm of encounter）であり，ここでクライアントは互いの関係のなかで「われわれ」を経験することの明確化を求められる。第四は「彼らに焦点が当てられている出会いの関係」（They-focused realm of encounter）であり，ここで求められるのは，（コーチ以外の他者までも含む）「他者」について私が関係を持ついっそう広い世界を作り上げる人々が，私の現在の存在様式に対して，あるいは新たな存在様式に対して，彼ら自身の相互関係的領域をいかに経験するかを私が経験することを明確にすることである。

(4)ゲシュタルトコーチング（Gestalt coaching）

ゲシュタルトコーチングはゲシュタルト心

理学の理論に基礎を置くものである。ゲシュタルト療法の創始者とされているPerls（1957）は1920年代以降に理論を発展させたが、ゲシュタルトコーチングはパールズの理論とは異なっている。ゲシュタルトコーチングは、人が十分な気づきを得て、その気づきを行動に移す過程に関心を持つ。コーチとコーチングを受ける人はそれぞれに現れてくる焦点に注意を向け、問題解決と次の焦点の出現が相互にポジティブに起こるように行動する。

ゲシュタルト心理学には「図」（figure）と「地」（ground）という概念があるが、ゲシュタルトコーチングで鍵となる概念は、「自己」（図）を環境（地）との関係のなかで捉える、つまり、自己と自己でないものを区別するというプロセスである。「A」が何かということに十分に気づくとき、われわれはそれと対立する状況である｛B ., B ., B ., … B .｝のなかのいずれの選択肢にも気づいているのである。

Clarkson（1999）は、われわれ自身やその環境への十分な気づきを妨げる7つの障害物について記述している。それらは、①脱感作（desensitization：感覚や感情を妨げること）、②片寄り（deflection：気づきの方向をずらしてしまうこと）、③摂取（introjection：人に適切な行動をとれなくすることで移動を妨害すること）、④投射（projection：行動を妨げること）、⑤反転（retroflection：気づきのサイクルの最終段階を妨害すること）、⑥自己中心性（egotism：満足を妨げること）、⑦合流（confluence：退避をさまたげること）である。これらについて、コーチとコーチングを受ける人とが対話し、何が問題かに気づくことがゲシュタルトコーチングで重要な点である。

(5)動機づけ面接（motivational interviewing）

これは人間（クライアント）を中心に置いた非指示的方法で、コーチングを受ける人が行動変容を遂げるために自らの「内発的動機づけ」（intrinsic motivation）を高めるように働きかけるものである。動機づけ面接はロジャーズ流の人間学的カウンセリングに基礎を置いている。

この手法で重要なことは、コーチングを受ける人が目標とする行動に向かって自らを変えるための準備をどれほど整えているかをコーチが絶えず理解していることである。Prochaska and Di-Clemente（1992）が開発したモデルでは、人がどれだけ行動変容への準備を整えていて、その変容を成功に導くために努力できるかが詳細に記述される。彼らは「変容のサイクル」として、①前黙想的（pre-contemplative：コーチングを受ける人が変容の可能性を自覚していない段階）、②黙想的（contemplative：コーチングを受ける人が迷いながらも変容のもたらす得失を自覚するようになる段階）、③準備（preparation：コーチングを受ける人が行動への準備を整えている段階）、④行動（action：コーチングを受ける人が自ら変化しようと活動する段階）、⑤持続（maintenance：行動変容に成功し、それが6ヶ月続く段階）の5段階を提唱している。

(6)ナラティブコーチング（narrative coaching）

これは、「語り」（story-telling）を通して組織、地域における個人あるいは集団の幸福や能力を高めるために行われるものである。ナラティブコーチはコーチングを受ける人を助けて彼らが物語る経験に積極的に耳を傾け、そこに隠された意味や価値などを自覚させ、活動計画に向かって新たな物語の筋を構築できるようにさせる。この理論は心理学の学習理論に加えて、文化人類学に基礎を置いている。ナラティブコーチングでは「通過儀礼」（rite of passage）あるいは「境の空間」（liminal space）の通過を示す儀礼といった文化人類学的概念が使われる。また、ナラティブコーチングと学習心理学との関係では、Vygotsky（1962）が提唱している「発達の最近接領域」（proximal zone of development）にまでさかのぼることができる。

コーチング過程はとりもなおさず学習過程であることから、Kolb（1984）は学習の4段階を示している。それは、①具体的経験（コーチングを受ける人が状況をどのように理解するかを実例を使って示す）、②熟考（学習することについて考える）、③抽象的概念（経験を意味ある概念に移し変える）、④行動（前3段階を経て決定を行い行動に移す）である。

このように、コーチング心理学にはきわめて広範囲な心理学理論が援用されていることが分かる。そして、これらの理論はコーチングの状況に応じて使われているのである。コーチングの資格化にはもちろん心理学以外の知見も必要であるが、コーチとクライアントの関係を正しく理解するには、これらの理論について正しい知識を持っていることは必要であろう。

6．コーチ-クライアント関係の再評価

コーチとクライアントの関係はコーチング協約のなかで基本的な要素である。Stober and Grant（2006）は7つの中心となる要素を提案しているが、そのなかの2つは、コーチとクライアントの関係に直接関わるものであり、以下に示すとおりである。

・クライアントが最大限に利益を得られるようにコーチは活動するだろうとクライアントが信じられるような意味のある関係を作ること
・協働的なコーチング協約のなかで、コーチがクライアントに努力目標を持たせ続け、彼が容易に変われるよう適切に関わりながら、クライアントの発達、能力あるいは技能を高める役割を果たすこと

コーチとクライアントの関係が重要であるにもかかわらず、これまでこのテーマで書かれた研究論文は多くなかった。コーチとクライアントの関係はしばしばセラピストとクライアントとの関係に対比させられるが、前者の関係は権威的であるよりむしろ同等の力関係にあり協働的である。

7．事実に基づくコーチング

現在のコーチング心理学を取り巻く状況のなかで，「事実に基づく実践」が心理学を含む専門家によって検討されている。以下では，カウンセリングと心理療法の成果，スポーツ心理学そしてゲーム理論に基づいた試みについて紹介する。

(1)カウンセリングと心理療法の成果

1990年代中頃から，経験に基づく年代中（EST：empirically based treatment）と経験に支えられた治療関係（ESR：empirically supported therapy relationship）という相反する立場の実践活動が行われており，その支持者たちはそれぞれにどれほどすばらしい治療成果を挙げてきたかを主張してきた。この対立は米国心理学会における2つの特別委員会設置という事態を招いたが，第29特別委員会（心理療法部門）は，①どのような治療法が使われようとも治療関係は心理療法の成果に常に不可欠の貢献をする，②患者のニーズに合うよう治療関係を変更することは治療の効果を高める，という結論を出した。

こうした原則はコーチングにもよく当てはまり，心理療法からの研究成果はコーチング心理学の実践家や研究者に大いに力となるものである。コーチとクライアントの関係をセラピストとクライアントの関係と対比する研究は有効なものである。

(2)スポーツ心理学

本論文の冒頭に述べたように，コーチング概念の多くはスポーツや運動競技にその起源を持っている。コーチと運動選手の間にある関係の質の重要性はスポーツ心理学の文献で指摘されている。これと並行してコーチング心理学において更に包括的で事実に基づく研究が発展してきたが，その一つが，認知的評価理論（cognitive evaluation theory）（Deci and Ryan, 1985）や内発的・外発的動機づけの階層モデル（Vallerand, 2001）に基づくコーチと運動選手の関係の動機づけモデル（Mageau and Vallerand, 2003）である。このモデルでは，コーチング過程で3つの要因（コーチがコーチングに対して行う個人的な方向づけ，コーチングの文脈，コーチによる運動選手の行動や動機づけの知覚）がコーチの行動に影響を及ぼすと考えている。

それでは，こうした理論はコーチングにどのようなヒントを与えてくれるだろうか。前述の動機づけモデル（Mageau and Vallerand, 2003）では，コーチとクライアントの関係を3つの視点から検討している。

・このモデルは，クライアントの内発的そして自己決定的な外発的動機づけにとって，クライアントが自律性，能力そして関係性のニーズを満たすことが重要であることに光を当てている。
・このモデルは，自立-支持的様式の決定因（コーチによる方向づけ，文脈，運動選手の行動や動機づけの知覚）を明らかにし，統合している。
・このモデルは，コーチングの文脈がコーチング行動に大きな影響を及ぼすと主張し，スポーツという非常に競争的な環境のなかではコーチも運動選手も大きなプレッシャーを感じているということを示唆している。

コーチとクライアントそしてコーチと運動選手との間には情動の大きさや関係の持続性に大きな違いがあり，後者の関係のほうがより強く，より頻繁な接触があり，非常に競争的でプレッシャーの高い環境のなかで起こっていることは言うまでもない。しかし両者の関係を，事実に基づいた方法で，より多くの実例を使うことで明らかにしていけば，どちらの領域においても，研究や実践に資する議論や知識の交換が行われることは間違いない。

(3)ゲーム理論

ゲーム理論（von Neumann and Morgenstern, 1944）は，しばしば対立や協力の関係という分野で人間行動を研究する学際的な方法である。この理論はマネジメント，スポーツそして社会科学や行動科学の領域に応用されている。協力的ゲームでは，参加者は全員が利益を得るように協力する方略をとり，非協力的ゲームでは，参加者はそれぞれが自分の利益を最大限にするように行動する。非ゼロ和ゲームは，参加者が選ぶ方略によっては，ある1人の利益が必ずしも他の誰かの損失にならないもので，これは人間同士の「自然な」関係に極めてよく似ている。

ゲーム理論は特に組織的な文脈のなかでクライアントがどのようにコーチングを利用するかについて光を当ててくれる。行動論的ゲーム理論は，どれほど人が道徳に縛られたり互いに取引をしたり信頼しあったりするかということを明らかにするような分野に向いている。行動論的ゲーム理論家（Camerer, 1997）が述べているように，よく引用される囚人のジレンマゲームや「チキン」ゲームは，人が方略的な相互関係のなかでどのように行動するかを調べるには実り多いものである。ゲーム状況が求めているニーズをプレーヤーが正しく理解してゲームを行えば，現実への影響はどうであれ彼らはコーチングが効果的であると主張する。

8．コーチング心理学の展望

冒頭に述べたように，コーチング心理学は産声を挙げてからわずかしか経っていない。人間の成長にたとえれば，よちよち歩きが始まった頃であろう。そうしたなかで，その将来を論じるのは早計である。しかし，「三つ子の魂百まで」と言われるように，初めの基礎作りが大切である。

コーチング心理学はさまざまな学問領域が交差する領域である。したがって，幅広い知識が求められる。しかし，コーチングの分野では，アカデミックな研究よりも実践的な活動が先行して行われてきたために，十分な専門的基礎を持たない人々がコーチングに携わっている。臨床心理学の分野では，認定臨床心理士のような資格が与えられるようになって，質の向上が進んでいる。すでに述べたように，コーチング心理学の分野でもコーチングの資格化は早急に進められなければならないであろう。

コーチングはスポーツの分野から始まった。

現在でもこの分野でのコーチングは重要である。しかし，本論文の冒頭で述べたように，「スポーツ心理学の父」と呼ばれるグリフィスは「コーチは単なるインストラクターではなく教師であり，人の性格を作り上げる者，人のパーソナリティを形作る者である」（Griffith, 1926：2）と明言している。したがって，現在の社会において，心の病を抱えた人々にとって臨床心理学が必要であるように，「臨床的な問題を持たない人々」の潜在的能力を引き出し，彼らが最大限の力を発揮できるように手助けするコーチング心理学は，きわめて大きなニーズを持っているといえる。

コーチング心理学は21世紀に誕生した。この時代は，情報通信技術の発達によって，人々が直接に会うことなくコミュニケーションができる。臨床心理学においてもこうした技術は使われていて，電子メールによるカウンセリングも登場してきている。コーチングにおいても同様の方法は論じられている。そうしたなかでコーチとクライアントの関係を捉えなおし，望ましいコーチングのあり方を模索していく必要があるだろう。

日本においても産業としてのコーチングは盛んになっている。しかし，学問としてのコーチング心理学の歩みは始まったばかりである。日本におけるコーチング心理学のあるべき方向をこの時期に捉えなおすことは重要な課題である。

　　　　　　　原稿提出日　　平成20年9月11日
　　　　　　　修正原稿提出日　平成20年11月18日

引用文献・参考文献

Camerer, C.F. 1997 Progress in behavioral game theory. Journal of Economic Perspectives, 11(4), 167-188.

Cavanagh, M. and Palmer, S. 2006 Editorial: The theory, practice and research base of coaching psychology is developing at a fast pace. International Coaching Psychology Review, 1(2), 5-7.

Clarkson, P. 1999 Gestalt Counselling in Action, 2nd edition. London：Sage.

Deci, E.L. and Ryan, R.M. 1985 Intrinsic Motivation and Self-Determination in Human Behavior. New York：Plenum.

Downey, M. 1999 Effective Coaching. London：Orion.

Edgerton, N. and Palmer, S. 2005 SPACE：a psychological model for use within cognitive behavioural coaching, therapy and stress management. The Coaching Psychologist, 2(2), 25-31.

Grant, A.M. 2006a Workplace and executive coaching：a bibliography from the scholarly business literature. In Stober,D.R.and Grant,A.M.(eds)Evidence Based Coaching Handbook：Putting best practices to work for your clients. Hoboken, NJ：Wiley.

Grant, A.M. 2006b A personal perspective on professional coaching and the development of coaching psychology. International Coaching Psychology Review, 1(1), 12-22.

Grant, A.M. and Palmer, S. 2002 Coaching psychology workshop. Annual Conference of the Division of Counselling Psychology, British Psychological Society, Torquay, UK, 18th May.

Grant,A.M. and Zackon,R. 2004 Executive,workplace and life coaching：Findings from a large-scale survey of International Coach Federation members. International Journal of Evidence-based Coaching and Mentoring, 2(2), 1-15.

Griffith,C.R. 1926 Psychology of Coaching：A study of coaching methods from the point of view of psychology. New York：Charles Scribner's Sons.

Kolb, D.A. 1984 Experiential Learning：Experience as the source of learning and development. Englewood Cliffs, NJ：Prentice Hall.

Mageau, G.A. and Vallerand, R.J. 2003 The coach-athlete relationship：a motivational model. Journal of Sports Sciences, 21, 883-904.

Maslow, A.H. 1954 Motivation and Personality. New York：Harper.

Palmer, S. and Whybrow, A. 2007 Handbook of Coaching Psychology. London：Routledge.

Parsloe, E. 1995 Coaching, Mentoring, and Assessing：A practical guide to developing competence.New York：Kogan Page.

Perls, F. 1957 Finding self through Gestalt Therapy. Gestalt Journal, 1(1).

Prochaska, J.O. and DiClemente, C.C. 1992 Stages of change in the modification of problem behaviours. In Hersen, M., Eisler, R. and Miller, P. (eds) Progress in Behaviour Modification. Sycamore, IL：Sycamore Press.

Seligman, M.E.P. 1999 The president's address. American Psychologist, 54, 559-562.

Vygotsky, L.S. 1962 Thought and Language. Cambridge, MA：MIT Press. (Originally published 1926.)

Stober, D.R. and Grant, A.M. 2006 Toward a contextual approach to coaching models. In Stober, D.R. and Grant, A.M.(eds) Evidence Based Coaching HandBook：Putting best practices to work for your clients. Hoboken, NJ：Wiley.

Vallerand, R.J. 2001 A hierarchical model of intrinsic and extrinsic motivation in sport and exercise. In Roberts, G.C.(ed.) Advances in Motivation in Sport and Exercise. Champaign, IL：Human Kinetics.

von Neumann, J. and Morgenstern, O. 1944 The Theory of Games and Economic

Behavior. Princeton, NJ：
Princeton University Press.
Whitmore, J. 1992 Coaching for
Performance. London：Nicholas Brealey.
注：文献のなかで，一部の書名においてアルファベットの"A"と"a"が混在している箇所があるが，原文表記を尊重した。

コーチングの源理論
—人間性心理学とコーチング—

元吉正幸

こころと身体研究所
〒299-5225　千葉県勝浦市墨名８１５－２５

[抄録] 現在、日本で産業界、スポーツ、教育、医療の現場で10数年前より急速に導入され活用されているが、その源の理論は明確ではない、今回コーチングを体系づけた著明な人物の文献を調査した結果、マズローの提唱した人間性の心理学がコーチングの源の理論の大きな柱となっていることが明確となり、ガルウエイ、ホイットモアと続き、またアメリカ西海岸のエサレン研究所がその母体となっていることも明確化することができた。

キーワード；マズロー、人間性心理学、コーチングの背景、エサレン研究所

[はじめに]
コーチングの背景である（源理論）には心理学が応用されているが、その流派、人物については明確なものではなく、特に日本においては10数年前よりコーチングに関する著書は数多く出版されているがその成り立ちについては、あやふやである。そこで今回は文献調査により、コーチングの源流にさかのぼる試みをしたところ興味ある結果を得たので報告する。

[方法]
邦訳されたコーチングに関する出版物を調査しその著者が影響を受けた人物について記載されている部分からコーチングの理論の背景をたどり検討を加えた。

[結果]
現在のコーチングの思考のよりどころは、ティモシー・ガルウェイであり、スポーツからビジネスへとコーチングを広めた、この方法は「インナーゲーム・モデル」としてコーチングの本質となっている[1]。ジョン・ホイットモアは、ガルウエイのコーチングの方法を取り入れながら「はじめのコーチング」を著しその中で「GROWモデル」を提唱しコーチングの技術を高めた[2]。コーアクティブ（協働的）コーチング）を広めた、ローラ・ウイットアースらはジョン・ホイットモアをコーチングの開拓者の１人としてその功績を称えている[3]。「奇跡のコーチング」を著したグラハム・アレクサンダーはその著書の中でガルウエイに大きな影響を受けたと述べている[4]。ジョセフ・オコナー、アンドレア・ラゲス夫妻の共著である「コーチングのすべて」の中ではガルウエイのインナーワーク・モデル、ホイットモアのGROWモデル、ウイットアースらのコーアクティブモデルをコーチングのもっとも重要なものとして述べている[5]。コーチングはアメリカで発展したと言われているが、ガルウエイはアメリカ西海岸エサレン研究所で活動している。エサレン研究所は、アブラハム・マズローが心理学の第３勢力と呼んだ、人間性の心理学の発祥の地であり、その哲学はその後のコーチング開拓者に大きな影響を与えていることが、今回の文献調査で明確になった。

[考察]
筆者は臨床心理学を専攻し、精神分析学や認知行動療法の知見を得たが、アブラハム・マズローが心理学の第３勢力と呼んだ人間性の心理学特に興味が湧いた。マズローはそれまでの人間の「こころの」病理性を分析して行く方法ではなく人間の持つより健康的な「こころ」の在り方を研究し、他律的な「こころ」から、自律的な「こころ」へ、自己中心型から、課題中心型への思考と行動の変化を目指し、さらに自己実現型に至ることを提唱した。そして自己実現に至る道には至高体験、ユーモア、あけすけな「こころ」などが必要であると提唱した[6]。マズローの思想は、臨床心理学や経営学に大きな影響を与えているが[7]、具体的にどうしたらよいか思案しているところに、人間性の心理学の範疇にはいる交流分析を学び、日常の実践の糸口を得た。交流分析はフロイトの精神分析をもとに考えられたものだが、精神分析と大きく違うところは、過去と他人は変えられない、変わるのは自分である。今ここを考え未来の自分の脚本をどのように描いていくのかということを考える学問であり、人間のこころを図表化して分析することで自己分析の優れ、他者とのコミュニュケーションのあり方もわかりやすい[8]。交流分析は自身の脚本を考えるツールとして、フリッツ・パールズのゲシュタルト療法を応用している、パールズもまたエサレン研究所で活動していた１人であり、著名なコーチの１人であるグラハム・アレクサンダーもエサレン研究所の人間性の心理学に興味を持ち、パールズのゲシュタルト療法に影響を受けたと自身の著書である「奇跡のコーチング」で述べている[4]。コーチングはアメリカで体系づけられたと言われているが、その源はエサレン研究所が大きく関与している。マズローの自律的な自分の開発

の思考をガルウエイは同じ地のエサレンにおいて発展させ、スポーツ・コーチングのあり方を変革しそれを産業界にも提唱した。また、ホイットモアの著書である「はじめのコーチング」の中にもマズローのモチベーション理論が取り上げられている[9]。このことからも、人間性の心理学はコーチングの源理論であると言える。ティモシー・ガルウェイは1938年にサンフランシスコ（米国）で生まれ全米ハードコートテニスで優勝しハーバード大学でテニス部主将として活躍し東洋思想、特に禅に興味を持ち10年間ハーバード大学で教壇に立ちその後、アメリカ海軍で将校として勤務したのち、1970年にはテニスコーチとなっており、エサレン研究所でヨガ・テニスのセミナーを開き、スポーツの資質、コーチング経験からやがて当時のスポーツコーチの技術を他律的なものから、自分で感じる自律的なコーチングへ変容した。この方法はホイットモアのスポーツ・コーチングに取り入れられ広まっていった。当時の他のコーチからは受け入れられず反発も強かったが、それを支持したのはスポーツ選手であり、パフォーマンスの向上に飛躍的なものがあり、選手の支持をうけ、他のコーチ受け入れざるを得なくなっていった。今回はその方法については、コーチングの源流について焦点を絞っているので、他の機会と思うが、技術トレーニングや頭で考えることをガルウエイは「セルフ1」としたが、それよりもしなやかに体が動かせるには本来の内なる能力に気づきそれを使うことに説いている。これはガルウエイが東洋思想や禅を学んだだからこそ到達したもので、これが現在の「インナーゲーム・モデル」としてコーチングを行う上で非常に重要なものとして考えられている[1]。コーチングは潜在能力を引き出し自分の生き方を豊かにし仕事や組織的パフォーマンスの向上を目的とするが、内なる自分を感じ、今までの規範や理屈の囚われに気づき、新しい展開に生き生きと喜びを持って進んでいく方向を目指すものであると言えるであろう。ジョン・ホイットモアは1937年に生まれ1960年代にフォードのレーシングドライバーとして、ル・マンなどのレースで活躍し、その後ガルウエイのコーチ論の影響を受け、スポーツやビジネスの世界で能力開発の指導を行った、ホイットモアの功績はインナーゲームを広めたことの他に、コーチングのもう一つのモデルであるGROWモデルを提唱したことである。これはジョン・ウイットモアが提唱したもので目標（GOAL）の設定、現在の状況を探る現実の（REALITY）チェック、選択肢（OPTION）と戦略や行動方針、何を（WHAT）、いつ（WHEN）、誰が（WROW）するか。そして、それを行う意思(WILL)、この4つの頭文字をとり、ホイットモアは、覚えやすく、伸ばす（GROW）と呼んだ、このモデルによりコーチングがよりスマートに運用できるようになった。またホイットモアは意識と責任感との関連、そしてこの2つを生み出す質問技術なしではGROWもほとんど価値がないと述べている[2]。グラハム・アレクサンダーの著書「奇跡のコーチング」の中の「100万ドルの質問」は上記の質問の意味を知る上で大変有用である。ジョセフ・オコナーらはグラハム・アレクサンダーがGROWモデルをつくりあげたと述べているが、いずれにしてもコーチングの開拓者たちはお互いのモデルを共有し合い発展させていることが明確となった。筆者は人間性の心理学、交流分析を学び、コーチングと出会ったが、その相性の良さを感じておりその関連性を明確にするために今回の文献研究となった。その結果、人間性の心理学がコーチングの源理論であることが明確となった。一方、ガルウエイがインナーゲーム理論として現在のコーチングの現在のコーチ、そこにホイットモアがGROWモデルを組み入れ2つのモデルの両輪でコーチングを発展させたことが明確となり、またコーチングの開拓者の著書と、めぐり合うことができ、コーチの源理論、土台作りができたように感じ、有意義な調査であったと考える。

[結論]
マズロー提唱した人間性の心理学は[10]、現在のコーチングの開拓者に大きな影響を与え、コーチングの源理論であることが明確となった。その発祥の地はアメリカエサレン研究所であることが明確となった。コーチングとは何かということが明確でないまま、コーチングという言葉が独り歩きしているように感じている筆者は「コーチングの歴史」を知りその思想に触れることは今後のコーチングの発展に不可欠のものと考える。

[文献]
1) ティモシー・ガルウェイ：「新インナーゲーム」，日刊スポーツ出版社、2000．
2) ジョン・ホイットモア：「潜在能力を引き出すコーチングの技術」，日本能率協会マネジメントセンター，1995．
3) ローラ・ウイットアースほか：「コーチングバイブル第2版」P10，東洋経済新報社，2010．
4) グラハム・アレクサンダー：奇跡のコーチング」，P243〜245，PHP研究所，2006．
5) ：ジョセフ・オコナー/アンドレア・ラゲス：「コーチングのすべて」英知出版，2012．
6) 小口忠彦：「人間のこころ」有斐閣選書，1983．
7) フランク・ゴーブル「マズローの心理学」産能大学出版部，1972．
8) 桂戴作ほか：「交流分析入門」チーム医療 1984．
9) ジョン・ホイットモア：「はじめのコーチング」P177〜184，ソフトバンクパブリッシング株式会社，2003．
10) ウエルター・トルーエット・アンダーソン：「エスリンとアメリカの覚醒」，誠信書房、1998．

最近のコーチングおよびヘルス・コーチングの動向と課題

西垣悦代

関西医科大学
大阪府枚方市新町２－５－１

[抄録]
　最近のコーチングの動向について、背景理論である心理学との連携の強化、ポジティブ心理学との関係、ヘルス・コーチングの興隆の観点から論じ、日本におけるヘルス・コーチングの今後の課題について考察した。

キーワード；コーチング、コーチング心理学、ヘルス・コーチング、ポジティブ心理学

[はじめに]
　近年、医療・健康分野において、コーチング（coaching）が注目されている。日本語でコーチといえば、各種の競技スポーツの指導者をイメージすることが多く、コーチングとはもっぱらスポーツコーチングを指していたが、最近は、ライフ・コーチング、ビジネス・コーチング、エグゼクティブ・コーチング、キャリア・コーチング、パーソナル・コーチング、ヘルス・コーチングなど幅広い領域で個人の成長や目標達成を支援する活動に対して使われる語になっている。このような広がりが出てきたのは、1990年代以降にコーチングの実技を教える産業が興隆してきたことによるのだが、現在ではビジネスの世界のみならず、医師、看護師、薬剤師、病院で働く管理栄養士などがコーチングを学び、患者とのコミュニケーションに活用したり、組織の活性化のために病院全体でコーチングを取り入れるところも出てきた。また、コーチングを学んだ医療資格者が講演会やセミナーを開いたり、研究会を立ち上げるといった普及活動のほか、プロコーチとしてのビジネスを始めるケースもみられる。ただ、日本におけるコーチの養成は現在のところ商業ベースが主流で、理論的裏づけや効果の実証研究などの点において立ち遅れている。しかし、コーチングが普及しているイギリス、アメリカ、オーストラリアなどの国では商業ベースのコーチングとコーチング成立の背景理論であった心理学との距離が再び接近している。本稿では、コーチングとコーチング心理学の関係を概観し、日本におけるヘルス・コーチングの現状と課題を考察する。

[コーチングとコーチング心理学]
　コーチングは心理学に基礎を置くものの、商業主義の中で広まってきたため科学的根拠や理論、実証研究などはあまり重視されてこなかった。また、コーチの養成も民間会社が担っていたため、大学など高等教育機関との関わりは薄かった。しかし、アメリカ、イギリス、オーストラリアなどコーチングが盛んな国々では、コーチング市場が成熟するにつれて、コーチングの主たる利用者である企業が、雇用するコーチに対して大学院レベルの行動科学の学位など高い資格水準を求めるようになってきた（Corporate Leadership Council, 2003）。理論的な基礎と実証研究の必要性が高まる中、大学院にコーチング専門課程が開講される動きが出てきた。2007年時点でオーストラリアでは３つの大学の心理学科においてコーチング専攻の学位授与コースが開講されている。またイギリスとアメリカでは各７大学が、カナダでは２大学が大学院にコーチングの専門課程を開講しており、その数は今後も増加すると思われる。コーチングと心理学の接近は北米よりもイギリス、オーストラリアにおいて進んでおり、英国心理学会(British Psychological Society)およびオーストラリア心理学会（Australian Psychological Society）には学会内にコーチング心理学の部会が成立し、心理学のアカデミアの一部として認められている。そこではコーチング心理学（Coaching Psychology）はそれぞれ以下のように定義されている。(1)「コーチング心理学は確立された大人およびこどもの学習および心理学研究法に基づくコーチングモデルの支援を受けて、個人生活や職場での幸福（well-being）と活動能力(performance)を高めるものである。」（英国心理学会年次大会カウンセリング部門での Grant & Parmer 2002の発表）。(２)「コーチング心理学はポジティブ心理学の応用分野であり、確立された心理学研究法に基づき、それを発展させたものである。コーチング心理学は行動科学を体系的に応用することで、臨床的に重大な心的健康の問題を持たず、特別な苦悩の水準にない個人の生活経験、集団、組織の活動機能を高め、よい状態に保つことに資する。」（オーストラリア心理学会(Australian Psychological Society) コーチング心理学部門　2007)
　これらの定義で明らかなように、コーチングとコーチング心理学の違いは、コーチング心理学が心理学の理論とその研究法に基づくものであると明言している点である。また、当然の

ことながら心理学という学問である以上、単なる実践だけではなく実証科学としてその効果を批判的に検討し、理論と方法論をより発展させていく必要がある。イギリスの大学でコーチングのプログラムディレクターを務めるBachkirovaらは、コーチングが拠って立つべき理論として、社会心理学、学習理論、人間発達および組織開発の理論、実存主義および現象学的哲学をあげており、これらの理論とコーチングが行われる領域との組み合わせを示している。また同じくイギリスのロンドンシティ大学のコーチング心理学のディレクター兼Centre for Coachingの代表者を務めるPalmerはコーチング心理学で使われるアプローチとして、Bachkirovaの挙げたもの以外に動機づけ面接法と会話的学習を加えている（Palmer & Whybrow, 2007）。

コーチング心理学の学会は、上記の英国、オーストラリア以外に、デンマーク、スイス、ニュージーランド、イタリア、南アフリカなど世界14カ国に設立されており、国際学会も開催されている。日本ではコーチング心理学研究会が2010年に日本心理学会の認定を受けて設立された。また、コーチング心理学関連の学術雑誌としてはInternational Coaching Psychology Review、The Coaching Psychologistなど5誌が発行されており、コーチングの実証的な研究を推進しようとしている。現在のところはケーススタディ的な報告が多いが、コーチングの効果を測定する尺度の開発なども行われている。コーチング心理学の研究には、量的方法による統計学的な検証と質的方法を用いたケーススタディの両方が必要であると思われる。また、コーチングの効果測定の検証には、客観的指標を用いて長期的な変化を測定することはもちろん、比較対照群を設定した研究計画の実施も必要となってくるだろう。Linleyら（2007）は、研究者と実践家の研究に対する姿勢の違いについて、研究者は細部にこだわり実世界のニーズから離れ、実践家は必要な学問的厳密さに耐えられず一般的な市場価値を持った研究に向かう傾向があると述べているが、学問的厳密さと現実的観点の両立は、実証科学としてのコーチング心理学の目指すべき方向として最も重要な点だろう。

Grantらが行った調査結果によると、ICF(International Coach Federation)メンバーの2529名のプロコーチのうち、心理学を学んだ経験のある者は5%に満たず、大半がコンサルタントやマネジャー出身者であった（Grant & Zackon, 2004）。一方で、多くの応用心理学者、クリニカル・サイコロジスト、カウンセリング・サイコロジストにとっては、治療ではなく成長に目標を置くとき、自分たちのクライエントとの関わりはコーチングのそれと同じであるという見方もある。その見同じであば、コーチングは既に多くのサイコロジストによって実質的に実践されてきたともいえる。また、心理学の学位とカウンセラー/クリニカル・サイコロジストの資格を持つ者の中にコーチングを専門としてビジネスに進出する者も増えている。筆者の参加した第二回国際ポジティブ心理学会議（2nd World Congress on Positive Psychology, Philadelphia, 2011）では、会議への参加がICFの継続教育の認定単位とされており、数多くの欧米のプロコーチの参加や発表があった。これからのプロコーチには、実践だけではなく理論の勉強やエビデンスを実証することが求められる時代になりつつあることが伺われた。

[コーチングとポジティブ心理学]
前節で述べたように、オーストラリア心理学会ではコーチング心理学をポジティブ心理学の応用分野であると定義している。すべてのコーチング心理学が同様の立場を明確に表明しているわけではないが、コーチングとポジティブ心理学にはいくつかの共通点がある。ポジティブ心理学は「幸福、達成そして繁栄を導く人間の条件の諸側面に焦点を当てて最適の機能について科学的に研究する」（Linley & Harrington, 2007）、あるいは「人々、集団、組織が繁栄し、最適に機能できるようにはどのような条件や過程が必要かについて研究する」（Gable & Haidt, 2005）学問とされており、コーチング心理学と目的を同じくしている。しかし、それ以上に両者の間にはその成立過程の段階から繋がりが存在する。

「ポジティブ心理学（positive psychology）」という語は、アメリカ心理学会（American Psychological Association: APA）会長であったSeligman, M.B.が、1998年のAPA総会の会長講演で初めて使用した。第二次世界大戦前に心理学が掲げた3つの使命（精神的病気の治療、すべての人がより生産的で自己実現できる生活を送れるよう援助すること、個人のよい才能を見つけ出し、それを伸ばすこと）のうち、後者の2つを見過ごしてきたことを指摘し、疾病モデルに偏りすぎていた心理学の焦点をよりポジティブな方向に向けようとしたのである。SeligmanはAPA会長としてポジティブ心理学運営委員会を立ち上げ、勤務するペンシルベニア大学にPositive Psychology Centerを設立、Journal of Positive Psychologyを発刊、Positive Psychologyの国際会議を開催するなど精力的に活動し、ポジティブ心理学の発展を牽引してきた。

ところで、心理学において人間のネガティブな面よりもポジティブな面に焦点を当てたのはSeligmanが初めてではなく、1950年代に既にMaslowが指摘していたことである。ここにコーチングのルーツのひとつである人間性心理学とポジティブ心理学の繋がりを見てとれる。Seligman自身もポジティブに注目する心理学を提唱することについて優先権を主張するつもりはないとして、人間性心理学が既に主張してきたことを認めている（Seligman & Csikszentmihalyi, 2000）。ただ、ポジティブ心理学と人間性心理学は目指すところは類似しているが、使用される概念や方法論には違いがある。Seligmanは、人間性心理学について、実証的研究を生んでこなかったこと、ナルシスティックである（内面ばかりを重視する）、反科学的であると批判している（Seligman &

Csikszentmihalyi, 2000）。Seligman は一部の人間性心理学の研究者にみられるような客観性をあまり重視しない方法ではなく、行動科学としての心理学の実証性・科学性をポジティブ心理学に取り入れようとしているものと思われる。木村（2006）は、Seligman は（人間性心理学の好む）エンカウンターグループで相互理解に到達する（個人の）認識に注意を向けるといったことより、得られた知見の公共性を重んじているのではないかと推察している。そしてポジティブ心理学の強調点が強み（strength）と最良の徳性を構築することにあるのに対し、人間性心理学の強調点はどちらかというと成長にあるとしている（木村, 2006）。コーチングが設立当初の特徴であるエンカウンターグループと通じる自己啓発セミナーの延長から、より科学的、実証的なコーチング心理学へ変化を遂げようとする時、ポジティブ心理学がその理論的基礎の一翼を担うことは、ある意味自然な成り行きであるように思われる。

［日本のヘルス・コーチングの現状と課題］
　2003 年に Palmer は、健康領域に特化したコーチングはまだほとんど見当たらないとして、健康教育や健康増進のためのコーチング health coaching を提唱し、認知行動コーチングがその目的にかなっていると述べている（Palmer, 2003）。Palmer らを中心として 2001 年に Centre for Coaching, London, UK が設立され、coaching psychology や psychological coaching のさまざまなコースが開講されているが、その中で認知行動主義に基づく health coaching のコースも展開されている。またそれらの一部は、コーチング心理学専攻の大学院の単位として認定されている。一方、米国では 2009 年にクリニカル・サイコロジストでエグゼクティブ・コーチでもある Kauffman によって NPO 団体 Institute of Coaching が設立された。Institute of Coaching はマクリーン精神病院（ハーバード・メディカル・スクールの関連病院）の中に置かれ、コーチングの実践と研究を行っているが、エグゼクティブ・コーチング、ヘルス・コーチング、ポジティブ心理学の 3 つを柱としている。そのうち Center for Coaching in Health care では、ヘルスケアとウェルビーイングを専門とする専門コーチが、クライエントの生活習慣の改善に関するコーチングを行うほか、医療専門職に対してコーチングの基礎的スキルの教育の場を提供している。

　日本にはこのような学術界の専門家によるコーチングの指導機関がないため、医療・健康領域のコーチングは、主として次の 2 つのいずれかで普及しているようである。ひとつは、民間会社でコーチングを学んだ医師、看護師、栄養士などが、臨床現場で患者に対してコーチングを実践する場合である。中にはコーチングの講演や講習会を開いたり、コーチングを医療に生かす内容のテキスト（奥田・本山, 2003：出江, 2009）を執筆するなど指導・啓蒙的な立場の人もいる。もうひとつは、コンサルタントや人材育成畑出身のコーチが、医療従事者を対象として講習会を開いたり、テキストを出版する場合である。いずれの場合も数時間から数日単位の講演や講習会による指導は、現場ですぐに役立つ実践志向のものが多い。

　現在日本の市場に流通している医療・健康領域のコーチングの出版物は、約 40 冊ある。対象としている読者は医療関係者全般を象として護師、医師、栄養士、薬剤師、歯科医師、介護士、保健師、からエステティシャンにいたるまで幅広い。最も初期に出版されたものは 2002 年に出版された諏訪（2002）による看護師向けのリーダーシップの書物である。著者は看護学部の社会科学系科目担当教員であり、リーダーシップ理論とともに Whitmore のコーチングが紹介されている。それ以外の書物は上述したように医療者またはコンサルタントや人材育成の専門家によるもので、内容はいくつかのスキルと医療場面での会話例の紹介が中心で、理論に詳しく触れたものは少ない。

　また、医療者向けのコーチングの団体は、インターネット上にホームページを開設しているものだけでもかなりの数があるが、学術研究をその活動に含めているところは限られている。2006 年発足の日本臨床コーチング研究会（会長：畑埜義雄）は、医療者の医療者による医療者のためのコーチングの会として、年数回のセミナーのほか年 1 回の総会・学術集会が開催されている。糖尿病、禁煙、減量、リハビリテーション、透析など、臨床の中でのコーチング導入の効果の報告のほか、医療の専門家が臨床の中で遭遇するさまざまな疑問に医療資格を持つコーチが指導を行う試みが行われている。また、2011 年にはコーチ・エィの後援により NPO 法人日本コーチ協会の一部会として、メディカルコーチング研究会（代表：安藤潔）が発足し、米国の Institute of Coaching から講師を招いて講演などを行っている。

　これらのことから言えることは、日本の医療界におけるコーチングは、その普及の程度に比べて理論の研究や本格的な実証研究がまだ十分ではないということである。医中誌 Web でコーチングをキーワードに検索を行ったところ、タイトルに含むものは約 600 件ヒットしたが、そのほとんどが解説や総説であり対照群を用いた介入研究は 8 件しか見いだせなかった。その中で出江（2009）らのグループは、コーチ・エィの協力のもと、リハビリテーション医療へのコーチングの効果の検証を行っており、今後の研究の進展が期待される。

　短期の講習や書物による実践のみが先行することの別の問題は、正しいコーチングの普及への弊害である。理論を含まないあるいはほとんど触れられていないコーチングの書物は、コーチングをコミュニケーションスキルとして扱っている場合が多い。医療場面においてコーチングが患者との関係をよくするための単なるコミュニケーションスキルとして扱われた場合、最も懸念されるのは、コーチングの目標が患者の成長や目標の達成ではなく、医療者にとっての目標（たとえそれが患者の最善の利益に叶うものであるとしても）達成のために誤って利用されてしまうことである。また、患者に

対してコーチングを利用する場合には、本来のコーチングの趣旨である「臨床レベルでの心の状態の不全のない人の生活の質をいっそう高める」という条件に当てはまらない場合が出てくることもある。患者はその病態によっては、身体だけではなく精神面でも脆弱になっていることが多く、コーチングによる介入を避けるべきケースもある。また日本の健康・医療の領域で主流の Rogers の人間中心的アプローチだけでは十分な効果の上がらないケースも出てくると思われる。生活習慣の改善などには、より積極的な認知行動的アプローチの方が有効だと思われるが、これまで日本で普及しているコーチングにはほとんど含まれていない。対象者の状態と目的に合わせてさまざまなアプローチを使い分ける必要は、健康・医療分野では特に重要である。コーチングをその背景理論も含めて正しく伝え、より専門的で深い内容を持つ医療・健康分野の研究や書物の出現が待たれる。

日本の医療・健康分野のコーチングのもうひとつの特徴は、英国や米国のように人々の健康及びウェルビーイングの支援や患者の自律性を高めることを専門とするヘルスコーチがいないことである。現在のところ、コーチングを学んだ医療者が実践と指導のほとんどを担っているのが実情である。米国のプライマリ・ケアセンターで指導に当たる Ghorob, A. ら (2013)は health coaching を、「患者が治療に積極的に参加するために必要な知識、技能、手段、自信を得、彼ら自身が自覚した健康の目標に到達することを助けること」と定義している。また、それらを実現するために、医師、看護師などの医療者が臨床の中でできることには（時間的、業務内容的に）限界があると指摘し、ヘルス・コーチングの専門家がそれに当たるべきであるとしている。ヘルス・コーチングの専門家はコーチングを専門的に学んだ医療者がなってもよいわけで、そのための教育の機会を提供する高等教育機関が今後必要になってくるだろう。

コーチングは、医学教育の中において医療コミュニケーションの一部としてカリキュラムに取り入れられる医学部も複数出てきているほか、指導医の研修においても活用されている。さらに、保健指導の中にもカウンセリング、行動療法とともに、「コーチングの手法を取り入れた支援」（厚生労働省, 2007）という語が登場し、臨床現場以外にも広がりを見せている。

以上のように日本の医療・健康分野におけるコーチングに対する期待やニーズは今後益々高まる可能性がある。ここで指摘したいくつかの課題を解決するためには、健康・医療分野向けのより質の高いコーチングの教育プログラムの策定と、たしかな理論に基づく実践と科学的方法論に基づく研究の両方のできる人材の育成は急務であると思われる。そのためには理論と方法論を持つコーチング心理学が貢献できることは多く、また、そのためには心理学者のより一層積極的な関与も重要であると考える。

［謝辞］

本論文は、西垣悦代「ヘルスコーチングの展望：コーチングの歴史と課題を基に」支援対話研究 1, 7－22. (2013)の一部の章を特別に許可を得た上で改を得た上で改変・収録した

本研究は、文部科学省科研費基盤研究（C）「日本におけるヘルスコーチングの可能性：コーチング心理学に基づく基盤の確立」の助成を受けた。

［文献］

1) Australian Psychological Society. (2007) Definition of Coaching Psychology. www.groups.psychology.org.au/igcp/ (2011.12.20 アクセス)
2) Corporate Leadership Council (2003) *Maximizing Returns on Professional Executive Coaching.* Washington D.C.: Corporate Leadership Council.
3) Gable, S. & Haidt, J. (2005) What (and Why)is Positive Psychology? *Review of General Psychology,* 9, 103-110.
4) Ghorob, A. Willard-Grace, M. Bodenheimer, T. (2013). Health Coaching. *Virtual Mentor,* 15(4), 319-326.
5) Grant, A. & Palmer, S. (2002)Coaching Psychology workshop. Annual conference of the Division of Counseling Psychology, British Psychological Society, Torquay, UK, 18th May.
6) Grant, A. & Zackon, R. (2004) Executive, workplace and life coaching: findings from a large-scale survey of International Coach Federation members. *International Journal of Evidence Based Coaching and Mentoring,* 2(2), 1-15.
7) 出江紳一 (2009) リハスタッフのためのコーチング活用ガイド 医歯薬出版
8) 木村登紀子 (2006) 人間性心理学とポジティブ心理学 島井哲志（編）ポジティブ心理学 pp30-43 ナカニシヤ出版
9) 厚生労働省健康局 (2007) 標準的な健診・保険指導プログラム
10) Linley, P.A. & Harrington, S. (2007). Integrating positive psychology and coaching psychology：shared assumptions and aspirations? In S. Palmer and A. Whybrow (Eds.), *Handbook of Coaching Psychology*. East Sussex: Routledge. Pp40-56. (リンリー, P.A. & ハリントン, S. ポジティブ心理学とコーチング心理学の統合 堀正(監訳) コーチング心理学ハンドブック (2011) pp46-66. 金子書房)
11) 奥田弘美・本山雅英 (2003) メディカル・サポート・コーチング入門 日本医療情報センター
12) Palmer, S. Tubbs, I. and Whybrow, A. (2003) Health Coaching to Facilitate the promotion of Healthy Behaviour and Achievement of Health-Related Goals.

International Journal of Health Promotion& Education, 41(3), 91-93.
13)Palmer, S. and Whybrow, A.（2007）Coaching psychology：an introduction. In S.Palmer and A. Whybrow (Eds.), *Handbook of Coaching Psychology*. East Sussex: Routledge. pp1-19.(パーマー, S.& ワイブラウ, A. コーチング心理学とは何か　*Handbook of Coaching Psychology.*コーチング心理学ハンドブック　堀正(監訳)　pp1-24. 金子書房)
14)Seligman, M.B. & Csikszentmihalyi, M. (2000) Positive Psychology: an Introduction. *American Psychologist*, 55(1),5-14.
15)諏訪茂樹　（2002）　看護にいかすリーダーシップ　状況対応とコーチングの体験学習　医学書院

A Step forward to the Establishment of Human Supportology

Tadashi HORI

Professor Emeritus, Gunma University

Two years have passed since the Japanese version of "Handbook of Coaching Psychology" was published in July, 2011. After the publication the author has met many coaches in practical fields and researchers in academic fields. Many discussions with them gave him a question; how is the present situation of coaching or coaching psychology in Japan?

Encounter with the "Handbook," though it was casual, directed the author to the movement of rightly understanding "Coaching Psychology" and giving accurate knowledge about it. Besides, the author has been eager to establish the Coaching Psychology in Japanese academic fields and to change it, if possible, to a new academic field based on Japanese cultural tradition.

Present Situation of Coaching in Japan
「コーチング」is not a special term. It is only a Japanese "katakana" expression of coaching.
「コーチング心理学」is merely a translated term of "coaching psychology."

Since the word and skills of coaching were imported into Japan, many people have given not only its objective meaning (denotation) but diverse connotations which its users gave to the word. Coaching psychology seems to have ran the same road as coaching in Japan.

Its superficial meanings do not matter here. We should discuss its essential function, but we cannot disregard its values with which the word provided us. Without such regards the word may go beyond our consideration.

Coaching aims to support or help clients to show their excellent ability in their everyday life. In order to accomplish the goal it is not necessary to select only one way of coaching from others. Present coaching situations of Japan, however, show a complicated structure of many coaching groups, which claim their practical effectiveness. In this confused condition we should not pose a question "Which way of coaching practice leads clients to a fruitful result." We never forget to keep in mind the thesis that our final purpose of coaching is to help clients to show their excellent ability whichever coaching routes might be taken. Putting the thesis in the center of coaching practice, every coach can accomplish his coaching goal without losing his way in a melting pot of numberless coaching skills. Many coaches do notseem, however, to be satisfied with their skills and seek much more powerful skills which other coaches may possess. This dangerous process may take many coaches to the endless struggle for skill seeking. The author advises them to stop to deeply considerthe present situation in which they are located. Skills can be used whoever may use them. After precious endeavor coaches will find that they should seek a "sense" which may be generated in a long coaching practice.

Coaches may become a technician, if they lose their way in skill-seeking strife without seeking a sense. Coaching will produce a wonderful result only if a coach and a client cooperatively establish an effective coaching situation. Training a clever client will surely enhance the quality of coaching.

It is "learning" that is necessary for enhancing the quality of coaching. The more we learn, the more stable will be our orientation towards coaching. Reconstruction of coaching on the basis of every academic discipline is necessary for the stableorientation. Practical coaches are required to have an objective viewpoint where we can look through the coaching situation.

From Coaching Psychology to Human Supportology

Coaching psychologyis a new academic field established in the 21stcentury on thebasis of psychology. Considering the present social situation, especially the spiritual background which Japan is confronting, the author proposes a question; whether coaching psychology appeared on the background of European culture can be a tool of understanding all the mental aspects of Japanese people.

In clinical psychology, we can find the history of revising Freud's psychoanalysis from Japanese cultural standpoint. Considering the difference between Japanese and European cultures, the author has recognized the necessity of constructing an academic system of coaching suited for Japanese cultural background.

In the course of seeking a new research field, the author encountered "Human Supportology." This field includes not only coaching but coaching psychology and appropriately represents the philosophy of coaching psychology.

The term "supportology" derives from "support" and "logy." "Human Supportology" is an academic field of supporting everyone to develop mentally with staying beside him. In thissituation, both coach and client stand on an equal footing. This field has a potential of including pedagogy, nursing science, social welfare and so on, in other words, all the academic and practical fields of human activities.

From now on, the author actively uses "Human Supportology" instead of coaching psychology to establish a new research field based on Japanese cultural traditions

人間支援学の構築に向けて

堀　正

群馬大学名誉教授

2011年7月末に『コーチング心理学ハンドブック』（金子書房）が出版された。間もなく2年が過ぎようとしているが、その間に出会った多くのコーチの方、大学関係者の方と議論するなかで筆者は、日本におけるコーチングのあり方、ひいてはコーチング心理学のあり方について、たくさんのことを考えてきた。

コーチング心理学との出会いは本当に偶然であったが、心理学を学んできたものとして、コーチング心理学に対する人びとの理解を深めたいという思い、日本のなかにコーチング心理学を根づかせていきたいという強い願望と、さらには、輸入学問である「コーチング心理学」を、もっと日本の文化に即した学問体系に変えていかなくてはいけないという使命感が、筆者の頭のなかをよぎるようになっていた。

コーチングの現状

「コーチング」の成り立ちについては多くの方が意見を述べているので、ここでは触れない。「コーチング」は英語の"coaching"をただカタカナにしたことばである。したがって、「コーチング心理学」も特段の工夫から出てきたことばではく、"CoachingPsychology"をそのまま日本語に移し変えたものである。

日本にコーチングが導入されてから、このことばの周りには、その客観的な意味（外延）とは別に、ことばの使い手が付与するさまざまな意味（内包）が形作られてきた。そのため、「コーチング」と「心理学」を結合した「コーチング心理学」も、その導入当初から、"Coaching Psychology"が持っているものとは違った意味をまとってきたと考えている。

本来は用語の問題ではなく、そのことばが示す実質的な内容が問われるべきであるが、ことばがまとっている価値評価などを無視することはできず、ことばが独り歩きしてしまう危険性もはらんでいる。

コーチングの目標は、クライエントが日常生活においてその能力を今以上に発揮できるよう支援することである。したがって、それを達成するには、どの道を通るかは問われなくてもよいと筆者は考える。しかし現実はどうだろう。日本にもさまざまなコーチングの流派ができあがっていて、それぞれの有効性を主張している。こうしたなかで、問われるべきは「どの方法を使うとクライエントが能力を発揮できるようになるか？」ではなく、「どの方法を使おうと最終目標はクライエントの能力を発揮できるようにすることである」という命題を、深く心に刻むことだと考える。

この命題をコーチングの中心に据えれば、コーチはぶれることなく目標を達成できるはずである。しかしコーチは、さまざまな資格を取り、新しいスキルを身につけることに汲々としているのではないか。知り合いのコーチが新しいスキルを身につけて、颯爽と活躍しているのを見ると、そのスキルを身につけたくなる。そのときに立ち止まって、ゆっくりと考えてみてほしい。スキルは、それを身につける人から離れて、誰にでも活用できるものである。けれども、知り合いのコーチが身につけたスキルを自分が試しても、すこしもうまく行かないことがある。スキルが人と結びついたとき、それはセンスになると筆者は考えている。スキルを身につけることばかりに目がいって、センスを磨く努力を怠ると、テクニシャンになってしまうだろう。コーチングは、コーチとクライエントからのみ成り立つものではない。両者が置かれた状況こそが「コーチング状況」を作り出すのである。そのためには、賢いクライエントを養成する必要がある。コーチに物申すくらいすばらしいクライエントが出てくれば、コーチング状況は一変するだろう。

そのための必要条件は「学ぶこと」であると考えている。「学問」とは「学んで（分からないことを）問うこと」である。学びを深めていくことが、ぶれない自分軸を作り上げる。そのためには「コーチングを学問的な基盤の上に再構築すること」が必要になる。「学問的基盤」とは、あらゆる学問を指す。「心理学」はそのひとつの領域に過ぎないと筆者は考えている。いまの「コーチング状況」を客観的に見通せる視点を持つことこそが、実践的に活動しているコーチに求められる。

コーチング心理学から人間支援学へ

コーチング心理学は21世紀に誕生した新しい学問分野であり、その名前の通り「心理学」に基礎を置いている。コーチングには確固たる学問的な基盤がなかったので、コーチング心理学の出現は、心強い援護射撃になったと考えられる。

しかし、今の社会状況、とりわけ日本が直面している精神的なバックボーンを考えたとき、ヨーロッパの文化的背景から出現したコーチング心理学が、日本人の精神生活全般を理解するツールとなるかどうかは、問題提起する余地があると考えている。

臨床心理学の世界でも、フロイトが創始した精神分析学を日本の文化的背景から再検討を試みた歴史がある。同じ人間である以上、ヨーロッパと日本で共通する部分も多いが、それぞれにさまざまの文化的条件を担って生きているからには、文化的に規定される部分は大きい。こうした状況を考えるなかで筆者は、日本の文化的状況に合った学問体系を構築する必要性を感じてきた。これまでの「コーチング」が背負ってきている概念を払拭した、「コーチング心理学」に代わる研究領域の創設を模索してきた。

このなかで出会ったのが「人間支援学」ということばである。この用語は、コーチングのみならず「コーチング心理学」をも含み込み、コーチング心理学が目指している理念を適切に表現していると考えた。

「人間支援学」を英語で表現すると"Human Supportology"となる。"Supportology"は"support"と"logy"からなる造語である。supportはラテン語に語源を持ち、sub（下に）という意味の接頭辞と、port（「運ぶ」という意味のラテン語portare）から構成されている。つまり、「人間支援学」とは、「下から人を支える学びの分野」となる。人がもう一人の人と並んで、あるいは後ろから、下から支えながら前に進める

というイメージを呼び覚ます研究領域である。したがって、ここでは「コーチとクライエントがおかれたコーチング状況」がきわめて重要になる。ここではクライエントも積極的な役割を担っている。

　「人間支援学」はこれまでのさまざまな既存の学問領域を部分的に少しずつ包含する。教育学、看護学、介護など、人間活動にかかわるほとんどの学問領域を包摂しうる。介護の現場における、動物を使った支援も、この枠内に収められるだろう。もちろんコーチングも包みこまれる。

　これから筆者は、「コーチング」あるいは「コーチング心理学」に代わって「人間支援学」という用語を試行的に使っていくこととする。「人間支援学」は工学や環境学の分野で使われていることを、筆者はホームページなどを検索するなかで知ったが、まだまだ人文社会科学では認知されている用語ではないと考えている。

　ことばは、それが作られると、いつの間にか一人歩きする危険性がある。それゆえ、ここに「人間支援学の創設」を表明し、これから「人間支援学」についてのしっかりとした概念を作り上げていくつもりである。

参考文献
コーチング心理学ハンドブック（スティーブン・パーマー、アリソン・ワイブラウ（編）、堀正（監修・監訳）、金子書房、2011）

コーチングの意図と構造～面談のコンテキストとGROWモデル～

田口智博 [1]、飛松正樹 [2]

1) 三重大学医学部附属病院　総合診療科　2) 宮崎大学医学部地域医療学講座
〒514-8507　三重県津市江戸橋2-174

[抄録]　コーチングにおいてコーチは数あるスキルを習得して実践するだけでなく、コーチングの意図と構造のレベルを意識する必要がある。その例として面談のコンテキストの設定とGROWモデルを紹介する。面談のコンテキストには、目的、目標、方法、役割、時間枠があり、それらをコーチとクライアントが共有することで、どのような方向性で話をするのかが明確になる。また、GROWモデルは、コーチングのプロセスの一つ一つを示す要素の頭文字で、GはGoal（目標設定）、RはReality（現実把握）とResource（資源発見）、OはOptions（選択肢創造）、WはWill（意思確認）である。相手に合わせて話を聴くだけではなく、コーチはこうしたフレームを意識して、相手を導くのではなく話のプロセスを導いていく。コーチは意図と構造を意識することで、クライアントにとって効果的で価値ある面談を提供できる。

キーワード；コーチングの意図と構造、話のプロセス、フレーム、面談のコンテキスト、GROWモデル

[はじめに]

　医療従事者を対象としたコーチングセミナーでは傾聴のスキル、質問のスキル、承認のスキルといったスキルを中心としたテーマが扱われることが多い。確かに、こうしたスキルは実践的であり、コーチングにおいて基本的で極めて大切である。

　しかしながら、こうしたスキルを習得していくだけで、コーチは効果的にコーチングを実践できるだろうか？

　コーチングは双方向性のコミュニケーションであるが、単なる雑談ではない。コーチングを効果的に実践する優秀なコーチは意図と構造のレベルに意識を向けている（ホール&デュヴァル、2010）。つまり、クライアントの目標達成・問題解決・技術向上をサポートする価値のある話や面談とするためには、コーチはどのような方向性で話をするのか（意図）と話のプロセスや流れをどのようなフレームで進めていくのか（構造）を意識する必要がある。

　本稿では、コーチングの意図の例として「面談のコンテキスト」（田近、2003a）を、コーチングの構造の例として、「GROWモデル」（田近、2003b）を紹介する。

[面談のコンテキスト]

　例えば、以下のようなケースを想像してほしい。

　あなたは、研修医を指導している指導医である。ある日、研修医のA先生（以下、A）が指導医であるあなた（B先生（以下、B））のもとに「臨床のスキルアップをしたい」と相談にやってきた。

　あなたはどのように話（面談）を進めていくだろうか？

　次のようなやり取りがされるかもしれない。

A：「お忙しい中、すみません。B先生、ちょっとよろしいですか？」
B：「（この後、会議があるんだけどなあ、まあちょっとだけならいいか。）おお、A先生、いいですよ。」
A：「臨床のスキルアップをしたいんです。」
B：「A先生はやる気に満ちあふれていて私自身が元気になるよ。臨床のスキルアップをするにはとにかく実践と振り返りだよ。」
A：「（それはそうなんだけど・・・）いえ、先月の救急外来研修の時だったんですけれど、65歳の女性が咳を主訴に来院されて、・・・・。その日の指導医に相談した結果、胸部x線をとって肺炎ではなさそうということを説明して帰ってもらいました。また別の日には30歳の男性が咳を主訴に来院されて、・・・・。その日の指導医と相談した結果、咳止めだけ処方して帰ってもらいました。同じ主訴の患者さんでも対応が変わるんだなあと思ったんです。」
B：「（傾聴は大切だというけれど、かなり長い話だなあ。A先生は何を言いたいんだ？）A先生、ごめん、もう会議の時間なんだ。とにかく、実践と振り返りだよ。また別の時に相談に乗るから。」
A：「（不満そうに）分かりました。」

　上記のようなケースは極端にしても日常のコミュニケーションではあり得るのではないだろうか。

　このような場合に、指導医であるコーチは研修医であるクライアントと話を進めるのに面談のコンテキストを意識するとよい。コンテキストとは「状況、前後関係、文脈、脈絡」などという意味である。一方、お互いの話の中の様々な情報はコンテンツ（内容）である。コンテキストはそれぞれのコンテンツが意味を成すように関係づけてくれる枠組みとなる。コーチはクライアントのコンテンツに入り込み枝葉の話になってきたときに、そのコンテンツがどのコンテキストの中の話なのか、今何を話す必要があるのかを見極め、意味のあるコ

ンテキストを提供する必要がある。
　コーチングで形成する面談のコンテキストには目的、目標、方法、役割、時間枠がある（表1）。

表1　面談のコンテキストの設定
　　（文献2をもとに筆者が作成）

目的	面談が何のための話か？
目標	面談そのもので創り出したいものは何か？
方法	どんなやり方で進行するか？
役割	お互いの立場は？
時間枠	いつまでに話し合いを終えるか？

（1）面談の目的
　面談が「何のための話か」を明らかにする。
　研修医 A 先生は臨床でうまくいかないことがあってそのときの話を聞いてもらいたかったのかもしれない。あるいは信頼するあなたからアドバイスが欲しかったのかもしれない。単純に話を聞いてもらいたくて相談に来た研修医にとっては、あなたが話半分を聞いた時点でアドバイスをしても効果的な話とはならないだろう。また、アドバイスを求めに来た研修医にとっては、あなたが研修医から考えや答えを引き出そうと質問をしても満足が得られないかもしれない。
　「どのような目的で私のところに来たの？」「どんな理由で話に来たの？」「この話の目的は何？」と指導医が研修医に尋ねることで、面談の目的をコーチとクライアントが共有することになり、話す方向性が設定される。

（2）面談の目標
　「面談そのもので創り出したいものは何か」は面談のコンテキストにおいて最も大切な要素である。
　「臨床のスキルアップをしたい」研修医がどのようなことをスキルアップすればいいのかというスキルアップの内容についてはっきりさせたいのか、どのようにスキルアップすればいいのかというスキルアップの方法についてはっきりさせたいのか、スキルアップしてどのような医師になりたいのかというスキルアップ後のビジョンについてイメージを作りたいのか、指導医は尋ねないと分からないだろう。臨床のスキルアップの内容についてはっきりさせたかった研修医にとっては、指導医がスキルアップの方法をテーマに話を進めてもかみ合わないことになる。
　「面談後にどのような状態になっていたいですか？」「どのようなことがはっきりするといいですか？」と尋ねることで、面談の目標をコーチとクライアントが共有することになる。その目標がクライアントにとってどのような意義があるのか？どのように活かせるのか？をさらに尋ねるのもよい。

（3）面談の方法

「どんなやり方で進行するか？」を事前に合意する。
　指導医が研修医からの話を聞くことを中心とする（≒カウンセリング）のか、指導医が研修医にアドバイスすることを中心とする（≒メンタリング）のか、研修医自身の答えや可能性を引き出すのをサポートするために指導医が研修医に質問をしていくことを中心とする（＝コーチング）のか、面談の方法についての合意が必要である。コーチングにおいて面談の方法について合意を得ることは、質問されることに慣れていない、あるいは質問されると思っていないクライアントにとって特に大切である。事前に面談の方法について合意があることで、質問が詰問とならずに、信頼関係を維持しながら、安心・安全な状況で面談が進められることになる。面談の方法は次の面談の役割と密接に関連する。

（4）面談の役割
　「お互いの立場は何か？」、つまり、話をする人―話を聞く人なのか、教えたりアドバイスをする人―教えられたりアドバイスを受ける人なのか、考えや答えを引き出すのをサポートする人（コーチ）―サポートによって考えや答えを出す人（クライアント）なのかを事前に合意が得られると望ましい。
　コーチングを実践する際には、「私はあなたの考えや答え・可能性を引き出すコーチとしてあなたをサポートしたいと思っています。私はあなたにとって効果的な様々な質問をさせていただき、アドバイスや指摘が必要な時はさせていただきますがよろしいですか。」などと相手に許可を得ることでコーチ―クライアントの役割を関係づける必要がある。
　こうすることで、たとえアドバイスのみを求めてきた研修医にとっても、コーチの質問を受ける姿勢となり、安心・安全な状況でコーチングがされることになる。

（5）面談の時間枠
　「いつまでに話を終えるか？」をコーチとクライアントが共有する。
　面談の時間枠をクライアントが意識することで、コーチはクライアントにペースを作る責任を預けることにもなる。
　例えば、15分という時間枠で面談をすることを事前にコーチとクライアントが共有することで、クライアントはだらだらとコーチに話をするのではなく必要なことを話すことになり、効率的に話が進むことになる。

　面談のコンテキストを意識すると研修医 A 先生と指導医 B 先生（あなた）のやり取りはどのように変わるだろうか？

A：「お忙しい中、すみません。B 先生、ちょっとよろしいですか？」
B：「おお、A 先生、いいですよ。」
A：「臨床のスキルアップをしたいんです。」
B：「A 先生はやる気に満ちあふれていて私自身

が元気になるよ。臨床のスキルアップをしたいということですね。どういう理由で私のところに来たの？（*面談の目的を尋ねる*）」
A：「B先生にアドバイスをしてもらいたくて来ました。」
B：「そうか、来てくれてありがとう。アドバイスが欲しいのですね。これは私から提案なんだけれど聞いてもらっていいですか？」
A：「はい。」
B：「A先生は研修が始まって1年になり成長しているのを私はうれしく感じているんだ。そして、A先生自身の中にきっとその答えがあると思う。私からA先生に質問をさせてもらうことでA先生自身が自分で答えを見つけられるようにサポートさせてもらいたいのだけれど、どうかな？もちろん、私からアドバイスが必要なときはさせてもらうよ。（*面談の方法と役割について合意を得る*）」
A：「はい」
B：「ところで相談の時間なんだが、会議があるので15分くらいだけれどいいかい？（*面談の時間枠の設定*）」
A：「はい」
B：「それでは始めましょうか。A先生の話のテーマは臨床のスキルアップでしたね。」
A：「はい」
B：「A先生はこの面談が終わる15分後にどのような状態になっていたいですか？（*面談の目標を尋ねる*）」
A：「そうですね、同じ主訴の患者さんでもマネージメントが変わることを経験したんですけれど、どのような内容や領域の勉強をすればいいのかはっきりできるといいですね。」
B：「なるほど、臨床のスキルアップをするための勉強の内容についてですね。その内容が明確になるとA先生にとってさらにどのような意義があるの？（*面談の目標のさらなる意義*）」
A：「そうですね、その内容を勉強することで、臨床の場面で同じ主訴の患者さんでも適切にマネージメントができるようになりそうです。」
B：「なるほど、A先生の臨床の場面でのマネージメントに活きていくわけだね。それでは、まずA先生が経験したことからどんな課題があるかな？3つあるとしたら最も大きな課題は何だろう？」

　どうだろうか？
　面談の目標をコーチとクライアントが共有することで、ともに話を進める方向性が明らかになる。さらに、コーチとクライアントの面談の中での目標が、クライアント自身の日常の生活や仕事の場面というコンテキストでどのように関係づけられるのかについても焦点があたっている。
　また、面談の時間枠が15分と設定されたことで、A先生は枝葉の話をすることなく必要なことを簡潔に伝えている。こうして、コーチはペースを作る責任をクライアントに預けることができる。
　このようにコーチは面談のコンテキストをクライアントと共有することで、共通の土俵に乗り、限られた時間で意味のある話を進めることが可能になる。つまり、コーチは面談のコンテキストをつかむことでクライアントをコントロールするのではなく、話のプロセスをコントロールすることができる。

[GROWモデル]
　みなさんは、話をしていて「何の話だっけ」と話が脱線した経験はないだろうか？
　ここでは、コーチングのプロセスをどのようなフレームで進めるかのモデルの一つとしてGROWモデルの概略を紹介する。
　GROWとは、コーチングのプロセスの一つ一つを示す要素の頭文字である。GはGoal、RはRealityとResource、OはOptions、WはWillである（図1）。

図1　GROWモデル
　　（文献3をもとに筆者が作成）

　問題（課題）や問題意識をクライアントにとって明確にするためには、目標と現実とのギャップを明らかにするところから始めていく。ギャップができると人は無意識的にも意識的にもそれを埋めようとし、意欲や主体性が芽生えることになる。
　G「ゴール」＝願望や目標とR「リアリティ」＝現実、現状や取り組んでいることをそれぞれ質問によって明らかにする。
　そして、目標と現実とのギャップが明らかになったところでそのギャップを埋めるために次のステップに続いていく。
　もうひとつのRでもある「リソース」＝資源を発見する。資源とは、目標を達成させるためや問題を解決するために使えるもの、人、金、知識、経験、時間、意欲などである。
　Oは「オプション」＝選択肢を発見する。クライアントが目標を達成したり、問題を解決したりするための方法をできれば3つくらいの選択肢の中から選んでもらうことが効果的である。選ぶことで責任感や主体性が生まれることになる。選択肢の創造にはコーチがアドバイスをすることもある。
　Wは「ウィル」＝意思のことである。選択肢のなかから最適なものを選び、実行計画にしていく。そして、意思を確認する。
　具体的な質問については表2を参照されたい。

表2 GROWモデルの質問例
　　（文献3をもとに筆者が作成）

G	Goal	目標設定	「どんなことをやり遂げたら、達成感がありますか？」 「どういう状況になれば、目標が達成できたと感じられますか？」
R	Reality	現実把握	「そのことについては今、どういう状況ですか？」 「目標達成のために具体的には何をしていますか？」
	Resource	資源発見	「これを成し遂げるために、あなたの何を使ったらうまくいくと思いますか？」 「あなたの過去の経験で、今回にもできることは何ですか？」
O	Options	選択肢創造	「他にどんなやり方が考えられますか？」 「他の人がやっている方法で、取り入れられることはありますか？」
W	Will	意思確認	「最も効果的だと思うものはどれですか？」 「まず何をいつから始めますか？」 「うまくいく可能性はどの程度ですか？」 「関係者のだれにとってもうまくいく方法ですか？」

　ここで、GROWモデルを活用した具体的な会話例を挙げてみたただし、流れをみていくことが目的なので、内容はかなり簡略化している。
　コーチ（以下、Co）である先輩看護師がクライアント（以下、Cl）である新人看護師にプレゼンテーションをテーマにコーチングを活用して面談をしている場面である。面談のコンテキストの設定はすでにされており、面談の目標は、理想的なプレゼンテーションをするために何をしたらいいかがはっきりしていることである。

Co：「現状はまずはおいといて、理想的で魅力的なプレゼンは何ですか？（*目標設定のための質問*）」
Cl：「そうですね、大勢の人の前でも堂々とポイントを得たプレゼンができるようになりたいんです。」
Co：「堂々とポイントを得たプレゼンですね。それに対して、今、どういう状況ですか？（*現実把握のための質問*）」
Cl：「無駄が多く、あまりまとまりのない話をしてしまうんです。」
Co：「目標を達成するのに、あなたの能力や技術など使えるものはなんですか？（*資源発見のための質問*）」
Cl：「声が大きく聞きやすいことです。」
Co：「それはすばらしいですね。今までうまくプレゼンが出来たときのコツはなんですか？（*資源発見のための質問*）」
Cl：「言いたいことを3つくらいに絞っていましたね。」
Co：「内容を絞っていたのですね。他にどんな方法がありますか？（*選択肢創造のための質問*）」
Cl：「プレゼン上手の先輩にアドバイスをしてもらうとかプレゼンの本で基本を確認するとかですね。」
Co：「先輩からのアドバイスやプレゼンの本で基本を確認するということですね。それでは、まず何からはじめますか？（*意思確認のための質問*）」
Cl：「まず、来週、プレゼンの本を買います。」
Co：「いいですね、ぜひその後の様子を聞かせてください。」
Cl：「分かりました。」

どうだろうか？
　このようにして、ただ相手に合わせて話を聴くのではなく、コーチはフレームを意識しながら、相手を導くのではなく対話（話のプロセス）を導いていく。フレームを意識することで、一定の時間で脱線をさけ、対話を効果的に進めることができる。

[終わりに]
　面談のコンテキストとGROWモデルを紹介したが、どのような気づきを得ただろうか？そして、さらに何を学び、どのように実践していくだろうか？
　コーチは数あるスキルを習得し、実践していくだけでなく、コーチングの意図と構造を意識することでクライアントにとって効果的な価値ある面談を提供することができる。
　これを読まれた方が、医療従事者として患者や家族、同僚など組織のメンバー、そして自分自身やその家族に対して豊かな価値を創造できることに貢献できたら幸いである。

[文献]
1) L. マイケル・ホール&ミシェル・デュヴァル：第1章 なぜコーチングが必要か．メタ・コーチング，ヴォイス，2010, pp25-51
2) 田近 秀敏：第4章コーチングの応用スキル1 コンテキストの形成．『[実践]ビジネス・コーチング─プロフェッショナル・コーチの道具箱』，PHP研究所，2003, pp116-119
3) 田近 秀敏：第3章コーチングの基本プロセス─GROWモデル．『[実践]ビジネス・コーチング─プロフェッショナル・コーチの道具箱』，PHP研究所，2003, pp82-115

医療人育成におけるコーチングの活用

松尾　理

近畿大学医学部名誉教授
近畿大学医学部顧問

[抄録]　医学部での学部教育にコーチングを利用する際、非常に応用範囲が広い。例えば、教員が学生に個人指導をする時には非常に有効であり、しかもコーチングの威力が再認識させられるような場面が多々ある。それ以外に学生が病院実習で診療参加型の臨床実習（クリニカルクラークシップ）を行う時、患者さんに対して医療面接を行う時コーチングのスキルを知っておれば、患者さんが満足するような医療面接ができます。また学生生活や研修時代において、対人関係を円滑にしていく方法としてコーチングを意識した会話を普段からやっておけば、クラブあるいは同僚の中において周りと軋轢をうむようなことはなくなろう。

キーワード；医学教育、臨床実習、学習支援、対人関係、医療人育成

I [初めに] コーチングとは

コーチングの基本として次のように考えます：
1) 問題を抱えている相手が答えを持っている。
2) その答えを自ら導き出します。
3) そして、本人が自発的行動を取ります。
4) その結果、問題解決が図られます。
5) このプロセスを上手に進めるコミュニケーション技法がキーとなります。

換言すれば、その人の中に眠っている能力を引き出し、自発的行動を促していくコミュニケーション法と言うことになります。

言い換えますと、コーチングの基本理念は、「人は、自分の知らない可能性を持っている」し、「人は必要とする答えは自分の中に持っている」ので、それを上手に引き出し、問題の解決に向けて自律的な行動を取ってもらうように、仕向けることになります。そのため、問題を抱えている人が自ら学習し育つような状況を作り出し、その人の能力を引き出し、自ら問題を解決していく行動を取れるように、コミュニケーションを取ります。

コーチングを「メンタルコーチング」と「スキルコーチング」とに分ける場合があります。「メンタルコーチング」ではコーチングを受ける側とは異なった考え方や視点でみたりして、気づいて貰うことに努めます。そのためその分野のスキルがなくてもコーチングを行うことが可能になります。

「スキルコーチング」は、たとえば野球のコーチのように、コーチングする側がその分野に対しての知識とスキルを持ち、その経験を元にし個人のスキルの向上を図ります。目的がはっきりしていることや、状況判断がより適切になるため、メンタルコーチングのみの場合と比べて効果的と言われています。

医学教育においては、両者が混在している場合が多いと思われます。例えば、医師国家試験などの対策は、受験したばかりの教員では、受験勉強と言うスキルが非常に役立ちます。また、受験そのものに対して、その位置づけや背景などを踏まえてメンタルな面でのコーチングが主体の場合もあります。上手に使い分ければ、学生や研修医の能力向上が大きくなると思われます。

繰り返しになりますが、コーチングはコーチングされる側の能力を自発的に可能な限り引き出し、それにより個人の問題解決を図るための行動を起こさせ、あるいはスキルの向上を実現することを目的とします。決まりきった考え方や方策を押しつけることはしません。これが一般的な「先生主導の教育」と違う一番大きな点であります。ティーチングと言う教育技法では、教える方が答えを持っていて、上から下への流れのようにヒエラルキーがあります。アドバイスや指導を与えることになり、本人のニーズに合わなければ無意味であり、聞き流せば効果はありません。そのため、時には強制するため命令的にもなりますが、これでは、真の問題解決になりません。

II 医学教育への応用

学生の潜在能力を引き出し、問題解決のため

の行動方法を自ら考え、実践することにコーチング応用のエッセンスがあります。そのような場面とは、a)個別に教員と学生が対応する場面、b)学生が臨床実習で用いる場面、c)学生が対人関係　in class, in club など遭遇する場面であります。

また、単に学生だけでなく、研修医、指導医、シニア教員などそれぞれ学部の構成員の立場に応じた応用場面があります。結果的に、より良い行動変容を促すことに焦点があると思われます。

次のようなことが一般的に求められます。

学　生	行動・習慣、学力、コミュニケーション能力
研修医	医学力、コミュニケーション能力、行動力
指導医教員	指導力、医学力、コミュニケーション能力

しかし、個別の問題に対して、それぞれ問題解決の方略などが自ら発案して解決へ向かうので、上記の能力以外に多数の場面が想定される。また、同じ問題でも性格による対応の違いもあり、非常に多面的であります。

自律的な行動を自主的に起こさせるには、あくまで対象となる個人を尊重し、個人の考える力を育てることが目的であります。大学の構成単位は、講座、医局などになりますが、最終的には教室員・医局員と言う個人になります。また教育単位で考えると、学年ごとの学生集団に分けられるが、最終的には学生個人となります。その学生の能力をいかに発揮させるかが、現代の医育機関の課題であります。

特に、学習支援を要する学生達には、学年全体の学生を対象にした手当て、対応などが当てはまらないことが多いのです。そのため、個別に学生の能力を引き出し、自発的行動を促し、自律出来る学生に育てて行く必要があります。その際、コーチングが非常に有用であります。

コーチングの基本理念として、上述のように、人が必要とする答えはその人の中に眠っていると考えますので、学習支援を必要とする学生も、必要とする「答え」を自分の中に持っていると考えます。

この「答え」と言うのは、直面する課題（例えば、レポート提出が2週間遅れたなど）の解決や目標が達成出来ない（例えば、試験前に本を一通り学習する予定だったけど、まだ手つかず）場合に、学生自身が本人の自覚してない能力に基づいて出てきた行動方針としての「方法」や「やり方」を、自ら気づき、具体的な行動が出来る案として自ら出すということがポイントであります。

学習支援でのコーチングは、学生の自主性を高め、問題解決の行動を自ら立案します。コーチングはそのための「学生−教員間の双方向性」のコミュニケーションであり、「学生から行動を起こす答えを引き出す」ことを最重要視します。

III コーチングで学習支援を行う

準備ステップ　1　場面設定

多くの場合問題学生に学習支援を行う時、学生との日本語会話が成立することが先決問題となります。今風の話し方で学生が話しても、止めてはいけません。また高圧的な雰囲気では心を閉ざしてしまい、次のステップに入っていけません。部屋の状況、椅子の高さ、座る角度などにも心理的配慮が必要です。もちろん横柄な態度は学生を委縮させてしまいますので、禁忌です。

準備ステップ　2　言葉の調子　ペーシング

ペーシングとは、簡単にいうと学生に合わせることです。使う言葉の調子、話の内容、声のトーンやピッチ、姿勢や表情などを学生に合わせます。そうすることによって、学生は安心感や親近感を抱き、その後の解決すべき問題に対する糸口が生まれやすくなります。普段の会話から気をつけて、意識しないでもペーシングが出来るようにしておきましょう！

心を開いて学生が話せるようにし、「自分の想いや状態を受け止めてもらっている」という安心感を醸成しておけば、その後のいろいろな会話が心に浸みわたることになります。そうすることによって、自ら気づき、自ら問題を解決する、という状況が作り出されてきます。
具体的には、
1) 学生が使った言葉を自分も使う。
2) 言ったことを繰り返す。
3) うなずきや相づちを適度に挟む。
4) 学生と視線を合わせて話す　などが有効です。

何か別のことをやりながらと言うのは、学生から見れば、「心ここにあらず！」と察知され、その後の言葉も意味が半減したり、無くなったりします。

基本スキル1　　「聴く」

3種類の「きく」があります。
1)　訊く　ask
訊き手の訊きたい答えを訊き出すために、訊き手が話し手を追いこむようにします。話し手の気持ちなどどうでもいい、訊き手が訊きたいことを訊けばそれでおしまいとなります。尋問と言うのが似ています。

2） 聞く　hear
　「門」の中に、「耳」が入っています。聞きたいところがあれば聞くが、そうでなければ門を閉めてしまいます。そうなると、後の話は聞かないのです。
　「聞く」というのは、学生の声や言葉が聞こえてくるということで、「音声として耳に入ってくる」ことをさします。聞き手が自分の都合のいいところだけ聞いています。例えば、えばの場でのアナウンスなどはBGMのように聞き流されてしまうことが多いのは、このことです。しかし何か必要を感じれば、真剣に聞きます。聞き手の状態によって、全く異なった情報伝達になってしまいます。

3） 聴く　listen
　コーチングで一番大切なことは、この聴くです。「耳を傾けて十四の心で聴く」という漢字の構成で、学生の言葉から「心の内面をとらえよう」とします。話し手の中にある感情や情感も聴きますので、話し手は自分の気持ちを出来る限り正確に表現しようと努力するようになります。もちろん、聴いていると言うことを学生に分からせることが必要です。

　聴くとは、逆のことを考えれば、聴く時のポイントが理解し易くなります。例えば、
1）話を聴く前に、学生自体や、予想される話の内容について、イメージしてしまう。
2）学生の話を聞いている最中に学生の話への回答や質問、提案やアドバイスを考えてしまう。
3）話が終わらないうちに、何が言いたいか分かったとして、話を遮ってしまい、こうだろうというような結論を話し出す。
3）会話中に、学生の間違いに気づくと、つい指摘し訂正してしまう。
4）沈黙があると、自分から話し出したり、学生をせかしたりする。
　このようなことは、結果的に学生の心を閉ざしてしまうことになり、良いコーチングが出来ません。

　これに対して、「良い聴き方」とは次のような状況で出来ます。
1. 学生が心の奥まで開けるように心がけ、心の扉が閉まるような言葉遣いをしない。
2. 学生の話を最後まで良く聴き、途中で話の腰をおらず、結論を先取りしない。
3. 先入観や予断を排除するし、聴きながら考えたり批判・評価もしない。
　　このことは、心が中立であることから、「ゼロポジション」とも言います。
4. 学生の言葉の奥に潜む感情をよく理解するように努めます。
5. 傾聴していることが学生に分かるように、身体全体で傾聴的態度を出します。例えば、オウム返しや相槌、うなづきなどを入れます。
6. 学生の話全体を最後にサマリー出来るように、心を込めて聴き続けます。
7. 学生が話し終わるまで、言葉を挟まず、また沈黙を利用します。
8. どう答えるかは、学生が話し終えてから考えます。

　以上のことは簡単なようですが、実践するとなると大変困難を伴う人がおられます。話の途中で口を挟まず結論を先取りせずに最後まで心を込めて聴くことは、効果的な動機づけとなり、学生の自発性や行動を引き出しやすくなります。聴き終わると、サマリーを返します。

　以上のスタイルを普段から心がけて行動しておかないと、中々うまく行きません。指導する学生の行動変容を期待する前に、一度自分自身の言動も観察して直す必要がある教員もいらっしゃいます。

基本スキル2　「質問する」

2A 質問には、クローズ型質問とクローズ型質問の2種類があります
　クローズ型質問は、「はい」・「いいえ」で答えられる質問で、答えやすく時間がかからないのが特徴です。多くの項目を質問するのに便利ですが、学生の応答や思考に広がりがありません。
　これに対して、オープン型質問では、学生は自分の言葉で説明しなければなりませんし、そうするのに時間がかかります。しかし、学生に考えさせたり気づきを促進するなどのメリットがありますし、内面や状況を具体的に話しやすい上、新しい考えなどが生まれる素地となります。

　オープン型質問を意識的に増やすことで、学生の置かれている状況を正確に把握しやすく、また多くの情報やアイディア、選択肢を引き出すことができます。但し、無口な学生では、なかなか情報が得られないことがありますので、とっかかりを上手に設定する必要があります。

　ほとんどのクローズ型質問は、オープン型質問に変更できます。
　例えば、「昨日は勉強したか？」と言うクローズ型質問では、「いいえ」か「はい」と言う返事しかありません。
　それを「昨日の勉強はどんな具合だった？」と言うオープン型質問にすると、「図書館で頑張ったんですが、なかなか分からなくて、途中で止めて帰ってしまいました。」と、状況が具体的に把握できます。

　「先週は自己学習出来ましたか？」と言うクローズ型質問では、「いいえ」か「はい」と言う返事しかありません。
　それを「先週の自己学習はどんな具合でしたか？」と言うオープン型質問にすると、「はじめの2日ぐらいは頑張ったんですが、なかなか進まなかったので途中ですっかりルーズになってしまいました。」と言うように、学生の気

— 32 —

持ちの変動も合わせて学習行動を把握できます。

2B 行動を促す前向きの質問：未来＆肯定型質問

時間軸で一定方向に生きているのが、我々の特性です。換言すれば、過去に戻れないのです。過ぎ去ったことを深く追求しても、建設的な行動を学生がとれるようにはなりません。

それ故に、前向きでポジティブな行動が取れるように質問します。例えば、
「そのためには、何ができそうですか？」
「どこを改善すれば、問題が起こらないと思いますか？」
「どんな方法が、可能でしょうか？」
などの質問がこれに当てはまります。

この逆は、過去＆否定型質問で、過去の事象（起こってしまったこと）を指摘されても言い訳や言い逃れが出るだけで、精神状態は良くありません。
「なぜ、勉強しなかったのですか？」
「どうしてレポートを書かなかったのか？」
と言うような質問がこれに当てはまります。

練習すれば、過去＆否定型質問を多用せずに未来＆肯定型質問を使えるようになります。
「何故、昨日寝すぎて遅刻してしまったのですか？」と言うのを
「これから、寝過ぎないようにするには、どうしたらいいと思いますか？」
と換えれば、学生は明日から寝すぎないような方策を自分で考え出しやすくなります。
「試験ができなかったのは何故でしょう？」と言うのを
「これからの試験をうまく乗り切るためには、どんな工夫が必要でしょうか？」
と換えれば、学生は例えば期末試験の対策を自分で考え出しやすくなります。

同様に次のように展開できます。
「何故、実習を欠席してしまったのですか？」
⇒「これから、実習を欠席しないようにするにはどうしたらいいと思いますか？」

「何故レポートを締め切りまでに提出しなかったのですか？」
⇒「これからの学生生活で、レポート提出を締め切りまでに出していくためには、どんな工夫が必要ですか？」

このように、これから先の未来に向かった行動に関する質問だと、学生が萎縮せず心を閉ざさないでいます。そして新しい行動を引き起こす可能性のある答を自ら言い出しやすいのです。

2C 具体化する質問

「がんばります」と言うのは、学生が良く口にします。教員もそれを聞いて、「やる気になったのだ」と安心することもありますが、これは危険です。「がんばります」と言う中に、こ れからの具体的な行動を引き起こすイメージが見えません。

「がんばります」と言う言葉をさらに掘り下げ、イメージを具体化する必要があります。具体化すれば、行動も具体的に取れやすくなります。

例えば、理解が不十分で試験成績が改善せず、欠席が多い学生さんと面談したとします。
学生：「調子が悪くて不安なのです」

この「調子が悪くて不安なのです」という漠然とした言葉の意味を、具体的な内容として把握するために、質問を出します。
教員：「どんなふうに不安ですか？」
　　　「どんなふうに調子が悪いのですか？」
　　　途中で学生の応答を見て、「それで？」
　　　「つまり？」「それから？」
と言うように、どんどん具体的にしていきます。

「がんばります！」と、ある学生さんが、言いました。これをいろいろな質問で、どんどんほぐして、具体的にしていく質問を挙げてください。

基本スキル3　「伝える」

同じ内容でも、言い方によって、受け止められ方が変って来ます。

3A メッセージ内容の主体

「Iメッセージ」と「YOUメッセージ」とに対比されます。

「Iメッセージ」では、発言者（教員）が主語になる表現で、そこには教員の気持ちが出ています。例えば、
「私は〜だと思います」
「私は〜なのでうれしいです」
このように学生の行為によって教員がどのように感じたか、あるいはどんな影響を受けたかを教員が自分を主語として伝えます。これにより、中身がそのまま学生に伝わりますし、学生も先生がそう思っているんだなーと分かります。

「私は、君があの課題を解決するのに頑張ってくれているので、とても嬉しいよ！！」
と言われると学生はも嬉しくなりますし、さらに一歩前進しようという行動を起こさせることにつながります。

これに対して「YOUメッセージ」では、「あなたは、〜ですね。」と言うように、「あなた＝学生が〜と評価されている」ように取られてしまいかねません。また、逆にお世辞に聞こえたりしますし、反発されることもあります。

YOU:「あなたは、がんばってますね」
　　　（ちょっとしかやってないのになーと、

　　　　　裏の声が聞こえそうです）

　Ｉ：「私は、あなたのがんばりに、とても感心しています」
　　　　（そうか、僕ががんばると先生は感心してくれるんや。もうちょっと本気でやってみようか。と次のステップに進めます）

３Ｂ　枕ことばを使う
　許可を入れるという枕ことばを使って、学生に受け止める準備をしてもらえるようにします。そうすると、その次の言葉を受け入れやすくなります。特にそれが大事な内容だと、事態の進展に効果的です。
例えば、
　「参考までに私の意見を聞いてくれる？」
　「言いにくいことだけど、話してもいいかな」
などと、枕ことばをいれると、次の内容がスムースに聞いてもらえます。

　場合によっては、学生に新しい「提案」を出す場合には次のような枕ことばをいれます：
「私から提案があるのですが、聞いてくれますか？」

　提案なので、受け入れるかどうかは学生が判断して決めることになります。学生が自分で選ぶことで、ぶことで、責任とやる気が生まれまる前に提案が必要か、提案してもいいかの許可を取ることがポイントです。

　このように、提案は教員側の都合ではなく、学生への勉学支援が成功するために行います（目的は学生に新しい視点を提供し、学生の自発的かつ自律的行動をサポートすることにあります）。

　逆に、その提案を押しつけては、自主性が出ず、自律的行動に結び付きません

　リクエスト（要望）を出すこともあります：
「実は、君の勉強法に是非追加してもらいたいことがあるんだ。」と言う言葉で、学生が受け入れ体制が出来、確実に伝えることができますし、学生の自発的な行動を促します。

　教員側の都合や目的実現のためではなく、学生の成長のためにします。人は自分の思考や行動について、しらない間にパターン化してしまいがちな点があります。

　リクエストはそのパターン化の外に学生を連れ出し、新しい可能性を発見させます。当然リクエスト内容が拒絶されたり、断られることもあるという前提を持ちます。押しつけてもよい結果は生まれません。この前提がないとリクエストではなく、指示になります。

　このような提案やリクエストでも、やはり学生の自律性を尊重することが大切です。

３Ｃ　承認（認める）
　アクノレッジメント（承認）とは、学生に現れている変化や違い、成長や成果にいち早く気づき、それを言葉として学生にはっきり伝えることです。アクノレッジメントを通して得る自己成長の認知は、次の行動やチャレンジに向けてのモチベーションとなります。

　学生を認める気持ちを積極的に伝える「強み」「良さ」や「成果」「頑張り」などのポジティブな面を見つけて承認しよう！

　最も効果的なアクノレッジメントは、学生が自分自身ではまだ気づいていないようなことを先に察知して伝えることです。この場合、自分のことをしっかりと見てくれていることが伝わり、教員への信頼も生まれます。

　アクノレッジメントの語源には、そこにいることに気づいていることを示すという「存在承認」の意味もあり、「自分の存在は認められている」という感覚は安心感や信頼関係にもつながり、結果として新しい行動やチャレンジへの原動力となります。

　このようにアクノレッジメントは変化や成果を事実として伝え、学生の成長を促します。

Ⅳ　類似の教育活動としてのテュータの役割
　少人数教育の問題解決型の教育手技としてPBL (Problem Based Learning) と言うのがある。ここで重要な役割を担うテュータが、少人数グループの討論過程で問題が生じた時、どう振舞うかが、コーチングと同様に、相手に主体性を持たせて、気付かせると言う意味で参考になるので、以下典型的な場合の対応を記する：

○ある学生が、今日では誤りとされる内容の説明を始めた。他の学生は謀りに全く気付かず、熱心に聞き入っている。
　⇒　テュータのアドヴァイス；どこで調べて来たの？と聞く。古い情報か、新しい情報かを気づかせる。学び方を教える。他の学生にあなたならどう？と聞く。学生は機会があれば発言する。並行するする講義が役に立つ。

○学生の自習してきた知識が不十分で、答えが出ないまま議論が堂々めぐりをしている。既に１０分経過した。
　⇒　テュータのアドヴァイス；解っている事を白板に書かせる。足らなければどうしたら良いか考えさせる。白板の重要性だ。

○ある生理学的機序が理解できず、学生が四苦八苦している。突然、一人の学生がテュータに答えを求めてきた。この点がわかれば問題解決が順調に進む。全員があなたに注目している。
　⇒　テュータのアドヴァイス；確認して白板に書かせる。自分たちで確認させ、解決させる。正しい所まで戻らせる。基本的には知って居ない先生は話せない。原則として教えず、学び方を教える。

○ただただ沈黙を続ける学生がいる。開いたノートには、何やら調べてきたことが書いてあるようだ。まわりの学生は、その学生のことをあまり気にしていない。
　⇒　テュータのアドヴァイス；おいてけぼり、無視されている。会話の切れた時に「君はどう？」と早めに声を掛ける方が良い。雑談とか気楽な質問をするとか。次回にはしゃべってもらうようにリーダ役に依頼。

○学習項目が抽出されたところで、一人の学生が「分担して謝べよう」と言い出した。全員が賛成し負担が平等になるように考慮しながら、割り振りを始めた。
　⇒　テュータのアドヴァイス；皆んな色々な考え方があるから討論しよう。テュートリアルとしてはまずいんだよ、と一言言う。Coreでない部分はどんなに深く調べても良いんだよ。

○各学生が、学習項目に関する資料のコピーをたくさん持ってきた。そのコピーを次々と読み上げながら、話は効率良く進んで行く。とくに討論はなく、質問も出ない。
　⇒　テュータのアドヴァイス；望ましくない状況だ。別の学生に要約して書かせる。「読まないで説明してごらん」「自分の言葉で話してごらん」と言う。

○その事例の第3回目のテュートリアルが始まった。しばらくは自習してきたことを中心に討論していたが、今は誰も発言せず、沈黙が2－3分間続いている。
　⇒　テュータのアドヴァイス；事例シートをもう1度読ませる。白板の記録をたどっていってみる。

○ほとんど自習をしてこなかった学生であるが、参加意欲は旺盛で、ことあるごとに率先して白板に向かって、書きまとめ役を引き受けている。
　⇒　テュータのアドヴァイスス；「君の意見はどう」と聞く。あるいは、意欲があるので「皆んなのために良くやっている。自分で勉強してきてもっと教えてくれない？」とか言う。

このように、アドヴァイスと言う形をとりながらも、問題解決を少人数のグループ全体の討論に委ねている。ここがコーチングとの類似点である。

V 結論
　学部教育の多様な場面でコーチングを応用出来ます。その際大切なのは、まずは目の前の学生に興味を持ち、理解します。そして、「この学生への学習支援が成功するために、今最も必要な関わり方はどのようなものだろう？」という視点を持って面談します。
　学生が自ら考えて自ら問題を解決する力をつけさせるのが、学習支援に用いるコーチングの目的です。それにより、学生が自ら成長し、その中で問題解決やスキルの向上を図ります。教員は指導と称して解決策を押しつけることはしないし、してはいけません。

VI 問題
　多忙な教員、特に臨床系の教員は日常の臨床業務に追われ、疲弊している。そのような状況で、学生に会うたびに、毎回毎回コーチングで対応出来るか？と言う疑問が付いてまわります。

　特に、複数回会っている時に、前回のまとめと振り返りをしっかり行わないと、同じ堂々巡りになることがあります。そうなると、学生は意欲を欠き、落胆失望し、面談にも応じなくなります。この基本的なことで、学生の信頼を失えば、あとの学習支援はフォローできないのは、当然です。

　大学の教員は、教育を第1優先とする辞大学もらっていて、他の業務はそれに付随するものと考えて日々の医学教育に携わるべきと思います。多忙ということが、いろいろな意味で教育への関わりを妨げているとしたら、それは本末転倒と言われても仕方がないでしょう。社会からより良き医療人の育成を付託されている大学人として、どのような状況に置かれても学生教育を疎かにしてはいけないと思います。

　学生と一緒に進歩の跡を確認すると言うことが、大切なことになります。このように、学生が主観的にも客観的にも進歩を実感すれば、成功と言えるでしょう。

VII まとめ
　私達人間の脳の中には百億もの神経細胞があると言われています。日々の生活の中において日常的に使われている細胞数はその中のごく限られた部分です。多くの細胞はその機能が発揮されていないか、あるいは分からないまま放置されている状態であります。

　そういう意味で我々人類にはまだまだ未開拓の部分が脳にあり、脳の能力をさらに引き出せば限りない発展ができます。この新しい展望を持たせて実際にそのような行動を引き起こすことがコーチングにより実現可能であります。

　コーチングとは、まだ自分で知らない可能性や不可能と思われていた目標に対して自ら気付き、それを解決するための「自発的な行動を促す」ことであります。人は色々問題に直面してもそれを解決すべき答えを自分の中に持っているということを自覚していない。自分の脳の能力を再認識させ、問題解決にあたっていく方法を自ら考え出し、行動を引き起こす時にサポートするのがコーチングと言う技法であります。

　医学部での学部教育にコーチングを利用する際、非常に応用範囲が広いと思われます。例えば、教員が学生に個人指導をする時には、こ

れは非常に分かりやすい場面でしかもコーチングの威力が再認識させられるような場面が多々あると思います。

　それ以外に学生が病院実習で診療参加型の臨床実習を行う時、患者さんに対していかに上手に医療面接を行うかという時にコーチングのテクニックを知っておれば、患者さんが満足するような医療面接ができましょう。

　また、学生が対人関係において非常にうまくやっていくような方法としてコーチングを意識したような会話を普段からやっておけば、クラブあるいは教室の中において周りの学生と軋轢をうむようなことはないと思われます。

　学生も一学年が一つの単一な集団ではなく、非常に異なった小グループから成る集合体であると理解した方が良いと思われます。そのような際に学生の学習行動を刺激させ、より良き成果を生み出すような学部教育に直結したコーチングの応用も可能であると考えられます。

参考資料

◎松尾　理：学生はiPS、学際企画

◎臨床コーチング研究会：臨床コーチング研究会は「なぜ、うまくいかないだろう？」と困っていた医療従事者たちが、自ら解決していった手法を勉強しあっています。
http://rinsho-coach.net/mt/public/hp/

◎奥田弘美、本山雅英：医療者向けコミュニケーション法　メディカルサポートコーチング入門、日本医療情報センター

◎教育コーチング
http://www.jyda.jp/coaching/learn/index.html
　指導する立場の者（大人）が青少年との触れ合いの一瞬一瞬において「コーチ」として関わることにより、青少年自身が潜在的に持っている驚異的な意欲・能力の顕在化を促し、「自立」を支援するコミュニケーションとして、紹介されています。

チーム医療教育の試みについて

平井　みどり

神戸大学医学部附属病院薬剤部
神戸市中央区楠町７－５－２

[抄録]　一時、スキルミクスという言葉がしばしば使われた。これは医師の負担軽減のために他の医療職が医師の活動の一部を負担する、という考え方がベースに存在する。確かに医師は診療という形で殆どのことができるが、逆にどこまでやっても終わりがない、という状態に絶望してバーンアウト、という事態を呼んでしまった例も枚挙にいとまがない。医療安全面からみても、一人ですべてを把握するのは事実上無理であり、また、専門職の職能が分化して、医師がそのすべてを把握するのも困難になっている。臨床現場では多職種で行うチーム医療が一般化しているわけだが、円滑に行うためには様々な技法が必要とされる。大切なことはコミュニケーション、だけに留まらない。相互理解、志を同じくするという言葉は大変耳触りがよいが、言葉の危険なところはそれを見た（聞いた）だけで、解ったような気になってしまうことである。本当に機能するチーム医療を根付かせるためには、早期からの教育が必要であり、また言葉だけの相互理解ではなく、自己を見つめ他者を承認する態度を育むことが肝要である。

キーワード；スキルミクス、チーム医療、コミュニケーション、リーダーシップ、多職種協働教育

　医療技術の進歩や社会情勢の変化に伴い、疾病の治療には多くの技術とマンパワーが必要とされるため、現在の医療現場は多職種のチームで取り組むことが当たり前となっている。一時、スキルミクスという言葉がしばしば使われた。我々が働く病院でも実際、その主旨での業務分担を考える委員会が設置されているが、これは医師の負担軽減のために他の医療職が医師の活動の一部を負担する、という考え方がベースに存在する。確かに医師は診療という形で殆どのことができるが、逆にどこまでやっても終わりがない、という状態に絶望してバーンアウト、という事態を呼んでしまった例も枚挙にいとまがない。結局一人の人間に何もかも責任を持たせる、というのは現代では無理があるのだろう。

　というわけで、多職種で行うチーム医療、ということになるが、大切なことはコミュニケーション、だけに留まらない。相互理解、志を同じくするという言葉は大変耳触りがよいが、言葉の危険なところはそれを見た（聞いた）だけで、解ったような気になってしまうことである。本当の意味で「相互に理解」し「志を同じくする」のは、大変難しい。

　こんな例がある。現在、様々な抗がん剤が開発され、それを用いたがん化学療法が発展しているが、抗がん剤投与は入院だけでなく、外来で行う例が急激に増加している。外来化学療法の形で治療を受ける場合、定期的に病院に通って点滴を受ける間は拘束されるが、それ以外は自宅で普段の生活ができるため、患者さんにとってはメリットが大きい。副作用の対策やモニターが進んだことも、外来での化学療法が進む理由である。定期的に通院し、抗がん剤点滴を受ける患者さんは、必ず血液検査をして白血球が減少していないかをチェックするわけだが、基準値を割り込んだ場合は１回休薬、ということになる。その時に「副作用で骨髄抑制が起こっているので、今回は投与できません」というと患者さんはがっかりするが、「前回のお薬がよく効いていて、まだ効き目が残ってるから、次回にしましょう」と言えば、患者さんは薬がよく効いている事に安心するだろう。主治医がそう言って患者が機嫌良く「ではまた来週来ます」と帰ろうとしたら、「あら今回はできなかったのね、残念ね」と言われたらどうなるか。折角のご機嫌がみるみるしぼんでしまうだろう。まあそうならない人もいるだろうけれど。

　患者の状態をきちんと把握し、その状況に合わせてきめ細かく投与量や方法、副作用対策などを変えていく、といった人手のかかる繊細な治療を継続するには、医師だけではとても手が回らない。実際がん化学療法は現在、医師だけが行うのではなく看護師、薬剤師といったチームで行うことが普通になっている。我々が学生だった頃には「抗がん剤」といえば「もう手術できないから、薬でもいっとくか」「抗がん剤入れても副作用で(患者さんが)もつかなあ」といったイメージが強く、がんの三大治療法といってもあまり期待できないものという認識だったのだが、現在は全く事情が変わっている。血液系の悪性腫瘍が抗がん剤と骨髄移植で完治、という例も増えたうえに、新しい抗がん剤がどんどん開発され、ターゲットを絞って叩くために効果は強く副作用は比較的少ないものが出現してきた。投与方法や使う薬剤もきめ細かく決められ、加えて副作用対策が飛躍的にすすんで、抗がん剤に付き物の「副作用が辛くて続けられない」というイメージが払拭されてきた。患者の状態を把握するのも、医師だけではなく他の職種がそれぞれの観点から観察と評価を行い、それを治療に反映することが当たり前になっている。しかし患者さんに最適な医療を提供する、という志は同じであっても、実際に医療を提供する場では上に述べたような、ちょっとした行き違いが生じることもしばしばみられる。誰も悪意はないのだが、言葉の使い方一つで予想するのとは全く逆の結果になる、ということは我々が言葉を使ってコミュニケーションを行う上での避けられない事象なのかもしれない。

　言語的コミュニケーションの行き違いを少なくするためにはどうすればよいか。まずはお互いをよく知ることから始めないといけないだろう。「観察」という言葉ひとつでも、医師の認識と看護師のそれは違うよう

だ。なぜそうなるのだろうか。答えは簡単、それぞれの職種は別々に専門教育をうけており、臨床活動を行う上では専門職ごとのゴール設定をし、また専門職ごとに専門職なりの情報共有と管理を行っているからである。また、チームの中でそれぞれが専門性を発揮する場面があるが、その際にリーダーシップをとる者は、それ以外のメンバーに対し指示命令という形をとる事が多い。職種ごとの専門性を他の職種が理解できていないとき、いきおい指示命令になってしまう。この形では、職種ごとにまとまりはよくても、職種間の理解が不十分であり、その結果どちらの職種にも属さない（あるいはどちらの職種でもできるような）事柄については、見逃しや押しつけが生じかねない。このような非効率的で患者不利益に繋がるような活動を避けるため、職種間の相互理解を進めることが必要であり、そのためには教育のシステムを考えなければいけない。多職種協働教育（Inter Professional Education = IPE）の概念が起こった背景のひとつは、学生時代から学ぶ場を共用して人間関係を築き、相互理解を深めることが効果的である、という考え方にある。

　神戸大学では現在、1年次の学生に「早期体験実習」として1週間のカリキュラムがあり、そこでは医学部の医学科・保健学科、薬科大学の学生による多職種チームでの病院見学体験と、それに基づくグループディスカッションを行っている。この時点ですでにして各職種の特色が出たグループになっている班もあり、興味深い。1年生のための合コンだ、と揶揄する教員もいるが、一緒に学んで親しくなることが悪いとは思えない。事実、最終日の発表会のあと、簡単な懇親会をもつのだが、自分の生活を最優先させるイマドキ若者達でも、残って懇親会に参加する学生は結構多いのである。さらに4年次の学生には、多職種協働チュートリアルが用意されており、その内容は模擬症例にしたがってグループ討議を行い、適切なケアのプランを考える、というものである。既に医療現場での実習を終えた保健学科や薬科大学の学生（薬科大は5年次生）と、まだベッドサイドを行っていない医学科の学生が意見をたたかわせるわけだが、それぞれの職種の特徴が1年次のときよりも一層明らかになっており、学びを深めることができている。加えてソーシャルワーカーなどの講義も行うため、学生の視線が地域連携や在宅医療などにも向かうのが、より現代的と言えるだろう。本当は各学年ごとに続けて何らかの共同プログラムを行いたいところではあるが、指導者が絶対的に不足しているため今後の課題となっている。

　教育には人手と労力がかかる。明治維新のあと、日本は人を育てることに特に力を入れてきたと思うが、いつの間にかもっとお金のかかる、目立つことにお金をどんどん使うようになってしまった。高価な教材を使って、効率的な学習を行うことがよい、といった考え方は勿論否定しないけれども（例えば最新設備の e-learning など）、多職種協働教育は、誰かが一方的に教育するのではなく、お互いがおたがいから学ぶ、という双方向性というか、多方向性のものであり、考えながらの学習は極めて効果的である。そういう学習形態にのって来ない学生も勿論いて、医学科の学生に多いように思われる。ジェイン・オースティンではないが「プライドと偏見」が邪魔をするのだろう。（ちなみに、「高慢と偏見」あるいは「自負と偏見」という翻訳もあるが、「プライド」という言葉が今ふうではないかと私は思っている、映画もよかったし）オースティンの小説もそうだが、相手を知らないということは、自分自身のプライドや偏った見方に縛られ、物事の本質に目をつぶってしまうことになり、自分も周囲も迷惑を被ることになる。注意深く話を聴き、また恐れずに自分自身を開示することで、相互理解が進む。そしてコミュニケーションがよくなり、そうすれば楽しく仕事もできるし、その結果、皆さんがいちばん大事にしているプライベートも充実するに違いない。

［文献］
　田村由美　編著：「新しいチーム医療　～看護とインタープロフェッショナルワーク入門～」看護の科学社（2012年刊）

誉めて育てる：どのような言葉で誉めるべきか？
時と場合：シミュレーション教育を例に考察

高橋優三

兵庫医科大学客員教授・岐阜大学名誉教授
〒663-8501 兵庫県西宮市武庫川町 1-1　〒501-1194 岐阜市柳戸 1-1

[抄録] 「誉める」とは、相手を承認、尊重することであり、コーチング・スキルの一つである。「誉めて育てる」は、教育の場で汎用されている。しかし単に誉めれば良いのではなく、「誉める」が人の育成に繋がるように、時と場合に応じて、つまり目的に応じて誉め方や誉め言葉の工夫をすべき。根拠のある誉め方をすれば、学習者が各論的には個々の助言を受け入れ、総論的には学習へのモチベーションが上がると期待できる。タイミングが良い誉め言葉は、短くても効果的である。本稿ではシミュレーション医学教育におけるフィードバックを例に、教育効果が上がる誉め方を考察する。

キーワード；誉める、シミュレーション教育、ブリーフィング、フィードバック

はじめに

「誉めて育てる」は、教育の世界で良く知られている。たしかに有効な方法の一つである。「誉める」とは、まさに相手を承認、尊重することであり、コーチング・スキルとしても汎用されている。逆に、社会的感性や価値観が確立されていない時期・年齢の学習者を誉めすぎることは、正常な発達を阻害する可能性が指摘される声もある。また誉められ過ぎて、当の学習者が慇懃無礼に似た感情を持つ可能性もある。このような状況を鑑みるに、単に誉めれば良いのではなく、「誉める」が人の育成に繋がるように、誉め方や誉め言葉を時と場合に応じて工夫する余地があることを痛感する。本稿では、シミュレーション医学教育の肝要であるフィードバックに於ける誉め方を具体例にして、教育効果が上がる誉め方を考察する。

脳は自分が使うプログラム・ソフトを自ら作る

コンピューターと脳は、差はあるが良く似ている。人間が作り仕組みが良く分かっているコンピューターと、神様が作り仕組みが良く分かっていない脳、この両者を比べることにより、脳の働きが理解しやすくなる。

両者、情報入力 → 演算 → 出力 の流れは同じであるが、決定的な差は、演算に使うプログラム・ソフトにある。コンピューターではこれを外から組み込まれるが、人間の脳は、これを自ら作り出す。この過程は、日常的には、思考回路を作る、とも言われる。

快感は、試作プログラム・ソフトを承認し、脳に固着させる。こうして学習は、ヒトの頭の中で起こる

前記の試作されたプログラムは、実際に演算に使ってみて結果が良ければ、使えるプログラムとして脳に固着される。ここに脳の学習が成立したことになる。「結果が良い」と脳が判断する基準は、快感である。良いプログラムとして固着し、学習を成立させるには、試作プログラムによる演算で快感が伴う結果が出る、これが重要である。したがって学習は、楽しくあらねばならない。

逆に難行苦行・辛抱もまた成長のための訓練に必要であるが、これをどこまで求めるかは個々の状況に依存する微妙な話となる。いずれにせよ学習者に我慢の心が有るほど訓

練は容易になる。

いかに我慢の心を涵養するか？　ここでもやはり快感がキーとなる。正面作戦として、長期的なスパンでの成功と快感に重点を置く価値観を、学習者に植え込むべきであろう。これには短視眼的な成功 → 快感の体験の積み重ねをするのと並行して、その場の我慢が、後で大きな成功と大きな快感に繋がる体験や考えを共有する。

話が少しずれてしまうが、マゾ的な感覚の持ち主には、難行苦行・辛抱も快感となるので、我慢や辛抱の癖をつけさせる訓練は簡単かもしれない。

"学習する"は天賦の能力

私たちは学習の仕組みを知らないが学習をしてしまう。"学習する"は、私たちが人工人間を作れないが赤ちゃんを作ってしまう、傷の治し方を知らないが傷を治してしまうのと同様に、神様から授かった能力である。ただし医学の知識があれば、より安全に赤ちゃんを作るし、より確実に傷を治す。それと同様に、よりよい学習を促進する技術も教育学として存在する。

教育とは遠隔操作で、他人の頭の中で学習を起こさせること。「誉める」は、遠隔操作の優れた手段

人間の脳は、誉められると嬉しくなるように、作られている。これは遺伝子に組み込まれていると思いたくなるほど、幼児の時から万人に共通の感じ方である。

学習者が　やってみて上手くいった！ → それに使った試作プログラムを、脳に固着する。つまり覚えさせたい、学習させたい。そのためには、その時を逃さず脳に快感を与える。誉めれば、他人の脳に快感を与えられる。「成功！」だけでも本人には快感であるが、その瞬間に他人に誉められれば、さらに大きな快感となる。これで新たなプログラム・ソフトが完成、つまり他人の頭の中に遠隔操作で学習を起こさせることが出来る。すなわち誉めるとは、遠隔操作の有効な手段である。

シミュレーション医学教育とは、医療業務をシミュレーションし、その結果を「振り返り」、人を育てる教育方法である

シミュレーションを学習者が行い、その直後に教員（ファシリテイター）による振り返りが行われる（末尾の資料を参照）。この振り返りの基本形は、
Step 1: 出会いと開始：こんにちは。ハイ、良くできました（誉める）、
Step 2: 学習者から、リフレクションに基づく自己評価を聞く（デブリーフィング）、
Step 3: PNPの最初のPositiveフィードバック（誉める）、
Step 4: Negativeフィードバック、
Step 5: PNPの最後のPositiveフィードバック（誉める）である。

この基本形では、「誉める」が3回出て来る。正にコーチング・スキルの出番である。

「振り返り」の時に、人を育てる誉め方をすることが肝要

ここで留意すべき事は、「誉める」事の意義・目的が、3回、それぞれ異なるので、誉め方に工夫が必要である。　その時の思いつ

きで誉め言葉を口にしたり、むやみやったら誉めても、「あ〜あ、"誉めて育てる"をやっているな〜」と手の内を見透かされてしまう。これでは教育効果は半減である。また誉め過ぎも、嫌味や慇懃無礼になり、自尊心のある学習者には逆効果となりかねない。

「誉める」は前述の如く、学習者の脳に快感を与えるが、その効果は、言い方を変えて表現すると、方向性の承認と促進である。したがって成長すべき方向性を明示された状況下で、タイミング良く誉め言葉が発せられると、最大効果を期待できる。つまり学習の最大効果のためには、"誉める"が学習のメッセージ（承認・促進すべき方向性や事柄）とセットになっている言い方が望ましい。

まず、学習者に「私は、あなたの味方ですよ」を伝える誉め方をする

シミュレーションを行った直後の「誉める」は、「教員である私は、あなたの味方ですよ」と「あなたは、やれば、できる能力がある」など全体的な方向性を示す目的である。学習者の味方であるというメッセージが伝わっていないと、何を言っても教育効果は上がらない。ぜひとも教員のスタンスを伝えておきたい。これには笑顔という非言語的メッセージが必須である。また「やれば、できる」を自覚させておくと、ポジティブに考える癖がつき、何もかもが上手く行く方向に向く。そのため、誉めて自信を持たせる必要がある。

シミュレーション直後は、まず「素晴らしかったですネ」式の大まかな誉め言葉になる。いつでも同じ言葉で誉めるのは芸が無いので、誰の目にも良く出来たことがあれば、それを一言で明確に誉める。いずれにせよ最初の一言であるので、挨拶代わりに近い意味合いを持ち、全体的な方向性として"誉める"、"祝福する"ことになる。具体的な内容を伴った各論的な言葉は、以降の流れに沿って繰り出す。

学習者から、シミュレーションに関するデブリーフィングを受けるが、この時も良かった点に気がつかせる質問をする

シミュレーションが医学教育の有効な方法になるのは、シミュレーションに行われる振り返りが行われるからである。この振り返りは、学習者からのデブリーフィングと教員からのフィードバックから成る。

デブリーフィングでは、まず最初に学習者が何をしようとしたか、そして出来た点、出来なかった点などのリフレクションを述べる。この時、学習者が話題にした事の関連事項で、出来たのに言及しない点も有るはずである。教員は、この出来たが述べられなかった点を目ざとく見つけて、「〇〇は、良く出来ていたと思うのですが・・・？」と、注目を促すのが効果的であろう。学習者の口から言うように仕向ける、これはわざとらしくなく誉め、しかも何が大切かを教えることが出来る技法である。

シミュレーションのフィードバックに当たってはPNP作戦を用いる。最初のPでは、具体例を挙げて実質的に誉める

PNPの最初のPositiveフィードバックで誉

めるのは、訓練の技能取得の促進が主目的である。振り返りの山場でもある。亀は自分が持っている立派な甲羅を持っていることに気が付いていない。これと同様に、人は自分の長所に気が付いていない場合がある。教員は、実際に出来た事を専門家の視点で見つけ出して誉め、学習者の長所を伸ばす。

さらに「こうあるべきだ」、つまり学習の到達目標を示すために、実際にはあまり出来ていないことであっても、それに関連したことで出来たことに絡めて誉めてしまう。かなりポリティカルな誉め方である。この場合、「わざと誉めているナ〜」式の胡散臭さが漂う心配があるなら、「私は出来たと思う」の様にIメッセージを用いるのも一手であろう。

最後のPでは、傷の手当てと、これからの方向性を示す

PNPの最後のPositiveフィードバックは、Negativeフィードバックによる傷の手当が主目的であるので、学習者に自信を取り戻させるような総論的な誉め方になる。注意点としては、具体的な評価が散々された後であるので、例えば「頑張ってください」のようなあまりにも総論的な一言が取ってつけたようにポソリと出てきても、何の効果も無い。

実際には「〇〇さんは、□□に進歩があったと思います。私はとても嬉しいです」のように、半分総論的半分各論的な言い回し方が妥当であろう。このように言われてしまうと、学習者は、恥ずかしくないように□□の勉強を継続せざるを得ない。

誉め言葉、マンネリに陥らないために

教員は、頻回に学習者へフィードバックをする。そのたびに誉めていると、同じ言葉を使わざるを得ない。何回も同じ言葉を聞く羽目になる学習者も出てくる。そうなると誉め言葉の神通力が低下するのは免れない。学習者がどんどん新しく入れ替わるから大丈夫、という楽観的な考えもあるが、仲間の学習者へのフィードバックを傍聴する形で、同じ誉め方を何回も耳にする機会がある。

誉め言葉をマンネリ化させないために、どうすべきか？

内容よりもタイミング

テレビの娯楽番組に長期にわたって出演するタレントも類似の悩みに直面しているはずであるが、どうしているのだろうか？彼らは、同じネタを繰り返して使えない。しかも面白いネタは有限である。このような状況で、彼らは話をマンネリ化させないための対策を取っている。だからこそ、彼らは長い間人気を保っている。

長寿のタレントは、自分の持ちネタをあまり使わない。ゲストなど共同出演者にネタや話題を出させ、自分はそれに反応する形をとる。この反応のタイミングと短い繁用言葉の選択（瞬発力）が、彼らの"芸"である。これこそ優れたタレントの秘技である。他人には真似しがたい能力である。

タイミングと短い繁用言葉は、視聴者の記憶に残りにくく、何回使っても「また、また」のような繰り返し感は、起りにくい。ネタや話題は共演者が次々に新しく持ち込む。こうして視聴者に飽きられず、長続きする。

以上は、教育者が、誉め言葉のマンネリ化防止に使う手として大いに参考になる。"誉める"が発揮する効果は、誉め言葉そのものよりも、むしろタイミングに依存する。
　フィードバックに時間を取る流れではない場合であっても、間髪を入れず、笑顔と共に「オッ！」「凄い！」「立派！」の掛け声を掛ければ、効果的である。

　マンネリ化が最も問題になるのは、本格的なフィードバックをする時の誉め言葉である。もちろん語彙が多い方が良いが、前述の如く、限界がある。そこで、学習者に喋らせて、そのなかで誉める点を見つけ「そうですね。良い所に気が付きましたね」、「はい、素晴らしかったですよ」、「その通りです、やればできるのですヨ」、のような同意・承認の言葉を発する。同意・承認の言葉は使うタイミングによって"誉め"と同様の効果を持つ。

[結論]

この状況で何を、何故、誉めるのか？その理由を念頭に入れて誉め方を工夫すれば、学習者の技能成長を、各論的にも総論的にも、助ける結果になる。

根拠がある誉め方をすれば、学習者は助言を素直に受け入れてくれる。

誉め方は、誉め言葉のみならず、タイミングで決まる。

誉めるべき or not? It's a question.
　本稿では人を育てる学校教育に誉めることが有用である事を詳説した。しかし実社会にあっては、必ずしもそうではないと考えたくなる例外もある。

人の動機　スリルの不思議
　ジェットコースター、お化け屋敷、いずれもスリル満点。怖いはずなのに快感。なぜ恐怖と快感が一体化しているのか？

　危険な事は生存のために避けるべし、それゆえ神様は人間に［危険 → 恐怖］の仕組みを人間の脳に仕込んだ。これで人間は、危険を避ける癖が出来て、生存に有利になった。
　もうひとつ神様が人間の脳に仕込んだのは、仲間と同じ行動をする本能である。これは人間が集団として生きる癖に繋がり、敵から身を守る意味で生存に有利になった。

　しかし仲間が同じ行動ばかりしている集団は、長期的は環境の変化に対応できず、全滅する可能性がある。これを恐れた神様は、環境の変化に対応できる新しい行動を作り出すために、別行動という危険行為をした人間には、ご褒美として快感を与える仕組みを、気まぐれにも作った。そのため、人間は時として［恐怖 → 快感］を感じることになった。
　背徳も、社会的制裁を受けるかもれない［恐怖 → 快感］に結びつく点で、類似である。チョイ悪オヤジが元気な理由も、同様に説明できるかもしれない。

　人間に行動を起こさせる原動力であるモチベーションには、純、不純、種々ある。現実の人間社会の活動で、無暗に誉めて育てようとするのは、無垢過ぎるかもしれない。

働き蟻とブラブラ蟻
　蟻の集団を見ていると、せっせと働いている蟻とブラブラ遊んでいる様に見える蟻がいる事に気がつく。
　夏の炎天下、黒い色をした蟻が一列に並んで餌を運んでいる様子を見ると、誉め言葉に事欠かない。しかし列を乱して勝手な事をしている様に見える蟻を誉める言葉が、有るのだろうか？

実は、このブラブラ蟻こそが、新しい餌を見つけるのであり、蟻集団にとっては、彼らの存在は必要不可欠である。もし新しい餌を発見して自分が属する蟻集団の富に寄与したなら、これに対しては誉め言葉に事欠かない。英雄的快挙である。

　しかしながら、新しい餌を発見する確率はあまりにも低く、ブラブラ蟻の行動は、ほとんどが無駄に終わってしまうのが現実である。したがって、ブラブラの段階で迂闊に誉めるわけにはいかない。

　蟻の極端な例を挙げたが、人間社会にも類似の状況が見られる。

　仲間と同じ行動をとらない人、徒党を組まない人、完全マイペースの人への寛容は必要である。しかも常人が思いつかないようなブレイクスルーは、しばしば、このようなキャラクターによって生まれ出されるから、社会には貴重である。

　しかしながら、普段、実務への貢献が乏しいばかりかチームワークを乱しかねない人を実際の医療現場で、誉めて育てるのは至難のわざであろう。

資料の説明
　シミュレーション医学教育における振り返りのマニュアルである。学習者からのデブリーフィングの受け方、学習者へのフィードバックの仕方を示している。さらにファシリテイター自身の振り返り、および学習者からの評価表も追加されている。
　学習者への声掛けには、コーチング・スキルの発想が裏打ちされている。
　原本は、モデル＆シミュレーション医学教育雑誌に著者が発表した。これを一部改編し、学会より許可を得て転載したものである。

高橋優三　シミュレーション医学教育のファシリテイター自己訓練教材　Journal of Japanese Association of Simulation for Medical Education, Vol 4, 52-56, 2011

| 振り返り [デブリーフィング／フィードバック] 時のポイント　ファシリテイター用 虎の巻 |

Step 1　出会い　　　これが、意外に大事

あなたの味方ですよ、のメッセージ（verbal and/or nonverbal）を伝える
- （ ）自己紹介をする
- （ ）穏やかな話し方
- （ ）にこやかな表情
- （ ）できた事を、最初にひとつ、手短に誉める

> 最初に、ファシリテイターは、学習者の味方であることを示す。そうでないと、相手は心の扉を閉めてしまう

Step 2　デブリーフィング

- （ ）やってみて、どうでしたか？　リフレクションさせる。
    - （ ）良い点を挙げれば、同意する ＆ 誉める
    - （ ）悪い点を挙げれば、その場ではコメントせず

> まず、学習者にしゃべらせるのが大事

Step 3　フィードバック

Positive Feedback　　PNP の第一弾

- （ ）学習者が列挙しなかったが、できていた事を指摘 ＆ 誉める

> どんな些細なことでも、誉める。
> 学習者の良い点を探し出す能力は、ファシリテイターに必須の基礎能力。

コツ　聞き上手になろう

- （ ）最初は open 気味に聞く。
    - ○○は、どうでしたか？

- （ ）返事が鈍ければ closed、specific に聞く。
    - ○○について、□□が上手くできましたね。
    - 自分では、どう評価しますか？

> 相手に最初に話させる利点
> ① 話題のシンクロが取りやすい。
>   相手が話している内容は、その時の意識に上っているはずなので、自分が、そのテーマに合わせて話したら、すれ違いの心配無し。
> ② 学習者の理解のレベルを推測できる。
> ③ 学習者がわかっているミスは、他人に指摘されるより、自分の口で話す方が、苦痛が少ない。

Step 4　Negative Feedback　　PNP の第二弾

学習者が自ら列挙した"できなかった事"について
- （ ）「そうですね、向上に向けて、○○しましょう。」

学習者が自ら列挙しなかった"できなかった事"について
- （ ）「今度やるとしたら、改善したい事は・・・？」

それでも気がつかない時には
- （ ）「△△については、何か改善の余地は有りますか？」

いよいよ、"できなかった事"に言及
- （ ）「いいところが沢山あったのに、△△は、少し残念でした」
- （ ）「次からは、・・・・に気をつけたら、もっと良くなります」

> 学習者が自ら気がつくように仕向ける質問を

> ダメだった事に、本人も気がついている。それを"完全否定形"で指摘するのは、傷口に塩を塗る、に類似。
> 向上、改善、工夫などの言葉を使うべし

>> コーチング・スキルの活用を

コツ 評価の仕方

( ) 評価は、到達目標に沿っているか
> 何の目的のシミュレーションなのか、よく理解すべし。
> その目標・目的に沿った評価をする。

( ) 評価は、学習者のレベルに応じているか
> 出来、不出来を絶対値で評価するよりも、
> その人が現有の能力からみた、相対値で。

コツ "できなかった事"の改善に向けて、指導

( ) 指摘する点、数を絞っているか

( ) 思い切って、大事な事をひとつだけ指摘するに留める
> 沢山のポイントを指摘しても、学習者は覚えきれない。
> たとえ覚えていてもインパクトが薄められている。
> つまり心に刻んでいない。単に記憶しているだけ。

( ) 評価のcheck listを渡し、自己チェックに委ねる
> できなかった事は、沢山ある。
> これを、いちいち全部指摘するのは避ける。
> かと言って、放置も賢策ではない。
> 自分で気がつくように、仕向ける。

( ) 学習者が、向上に向けて次に学ぶべき学習課題を示す
　　　学習者が何をすべきかわかる具体的表現で・・・
　　　学習者が進歩を認識できるような指標を・・・
　　　学習者が努力すればクリアできる課題を・・・
> トライする課題の段差は、クリア可能の範囲に。
> これで、達成感を与える

Step 5　Positive Feedback　PNPの第三弾

( ) "傷の手当て"の意味で
> やはり、negativeを指摘されると、本人はつらいのです

( ) わざと誉めて、向かうべき方向を示す
> どのような技術向上を目指すべきか、直接説明するより
> その方向に向かう（示唆する）良い点を誉める事により、
> さらに望ましい方向へ向かうように仕向ける。

Step 6　自己評価　終わったあとで・・・冷静に

ポイント 相手にわかりやすい伝達であっただろうか？

( ) 内容が実質的な場合には、言葉をゆっくり

( ) 落ち着いた声で
> 早すぎる言葉には、学習者はついていけない、
> 初心者は情報処理に時間がかかる。
> カン高い声で早口でしゃべると、内容が伝わっていない

ポイント 👊 学習者と、共通の土俵に上っている事の確認を 取りつつ話したであろうか？

( ) 新しい話題に移る時には、
　　　必ず、その旨を伝える

> 話題が連続している・・・複数の話題がごっちゃ混ぜ・・・
> 次から次へ説明のポイントが切れ目無く続くと、初心者の思考が混乱。
> 話題が変わったのを知っているのは、本人だけ ← 避けるべし

「〇〇〇〇について考えてみようか・・・」

> 学習者と意識のシンクロを図るべし

「〇〇〇〇」も、学習者に伝わる様に
　記憶の糸を学習者と辿りつつ話すか、
　または振り返りビデオで、明示する

> 会話をしている時、相手の意識に上っている思考テーマと、自分の意識に上っている思考テーマとが同じであらねばならない。
> これが異なっていると、話が通じない
> 同じ場所で、同じ作業に従事していても、相手が自分と同じテーマについて、思いを巡らしていると思ってはいけない。

( ) 興味の共有は、できていたのだろうか？

> 学習者の思考が。そのモードになっていないと、
> ファシリテイターのメッセージの受け入れ困難。
> つまり、Readiness が、コミュニケーションの前提条件

```
Guiding question は、
① 学習者の Readiness と、
② 学習者の自律的学習の促進に  使う
```

ポイント 👊 AV機器は、順調だっただろうか？

( ) タイミングの良いスムーズな使用
( ) 現物が、聴衆全員に見えているのか？
( ) 良好な音声

ポイント 👊 やる気を起こさせるコミュニケーション だっただろうか？

( ) 学習者の言い分を良く聞いたか、傾聴
( ) うなずき、同意
( ) 適切なアイコンタクト　　　　　　　　　　これは、まさにコーチングの技術
( ) 「あなたが上手くできたので、私は嬉しい」
( ) 「どうすれば、そんなに上手くできるの？」
( ) 次の目標を、学習者と一緒に考える

```
　人を動かす・・・
　　　人を動かせる人がいます。これは 凄い 能力です。
　　　　この能力を流用して 学生の勉強の促進が出来たら、素晴らしいです。
手段その1  command
　　命令で人は動きます。この方法は、軍隊に最適。教育には、どうでしょう？
　　学生は命令に従って動いただけ。頭の中に教育効果は？
手段その2  teaching
　　教えたら、人は動きます。学生に教えると、その通り学び教育効果が出ますが、
　　それ以上のことが、頭の中に定着する？
手段その3  coaching
　　本人を、その気にさせる。
　　やる気になったら、本人も周囲のものも驚くほど成長する。
```

振り返りが終わって・・・学習者がファシリテイターを評価

()に、レ点を入れつつ考えてください

( ) 最初に、出会いの第一印象が良かった
( ) 最初に、「ダメダメ」と言われた ⇒ 私のいる場所がなくなった
( ) 最初に、できたことを誉めてくれた ⇒ ファシリテイターの言う事を聴く気になった

( ) 自分が気がついていなかった長所を指摘してもらった　　← 亀は立派な甲羅を持っている その事に、気がついていない
( ) 挑戦すべき目標を与えてくれた
( ) 自分が何を勉強すべきかわかった
( ) もっと頑張る気になった

( ) ネガティブの評価ばかり、延々と・・・最後に、「頑張ってください」
( ) このシミュレーションでは、そんな能力を求めているのではないはず！　目的と評価基準を再認識しろ、バカ！
( ) ファシリテイターの うんちく話が延々と・・・早く終わって欲しかった
( ) 話題が、めまぐるしく変わった。何の話かわかった時には、もう次の話題に行っていた
( ) ピリピリ。いつファシリテイターが本格的に怒り出すのか、ヒヤヒヤしていた
( ) 次から、もう やりたくない

( ) 私の言い訳を、しっかり聞いてくれた
( ) あれは、私に考えさせるチャンスを与えてくれる話術だ
( ) ファシリテイターの情熱が伝わってきた
( ) 私の質問にわからない事は「私にはわからない」と言った。すごい、よっぽど自分に自信が有るのだろう
( ) なんだか、志が高くなった気がする
( ) あの包容力のある話し方は、どうやったら、私にも身につくのだろうか？

( ) ファシリテイターがたくさん発言、しかし、次のステップとして私が何をしていいのか、わからなかった
( ) テーマを明示し、その重要性も示してくれたので、理解しやすかった
( ) 業界用語を使うので、わからなかった
( ) 初心者に配慮した言葉が選択できるのは、本人が内容をしっかり理解している証拠
( ) 語尾がはっきりしないのよネ〜
( ) ゆっくり、はっきり。話し方の基本に忠実だった
( ) 誉めすぎだヨ、もうチョッと厳しい指導をして欲しいナ〜
( ) 誉めすぎだヨ、慇懃無礼じゃないの・・・

ところで このファシリテイター
　(Y, N) ガイディング・クエスチョンの使い方を知っているのだろうか？
　　　　ファシリテイターが質問、学習者が答える、ファシリテイターが補足説明　の繰り返しなら、Yes。
　　　　ファシリテイターが一方的に話をして、全部説明したなら、No。
　(Y, N) コーチング技術を習っているのだろうか？
　　　　デブリーフィング後、学習者が自分の目標に向かっているなら、Yes。
　　　　デブリーフィング後、学習者がふてくされているなら、No。
　(Y, N) インストラクティブ・デザインを理解しているのだろうか？
　　　　学習目標に沿った基準で評価したなら、Yes。
　　　　"その場の雰囲気"基準や ファシリテイター勝手の基準で評価したなら、No。

「コーチング」から「臨床コーチング」へ

田丸　司[1)]

1) 偕行会リハビリテーション病院

[抄録]　一般的なコーチングの特徴を説明し、その上で臨床現場でのコーチングの特徴を整理し、「臨床コーチング」として捉え直し、今後の発展の方向性を探った

キーワード；コーチング、臨床コーチング、コミュニケーション、

[はじめに]
　平成18年夏に医療領域で「コーチング」を用いることを学ぶ研究会として、岐阜大学で第1回臨床コーチング研究会が産声をあげ、早くも第8回を迎えることとなりました。当初は少し聴き慣れなかった「コーチング」という言葉が、最近は比較的耳にすることも多くなってまいりました。当研究会は、医療者が自分自身の手でコーチングを理解し、勉強し合って医療の質を向上させようという趣旨で続けられており、一般のビジネス的なコーチング講習とは志向が異なっております。私は、第1回からこの会に参加して、コーチングという手法を学び始めたものですが、特別に精神科領域を専門としている者ではありません。これまでの研究会活動を通じて学んだものを、日常臨床を行っていく立場からこれまでの研究会の活動を私なりに見解をまとめてみることといたしました。特に医療領域でのコミュニケーション法としてコーチングを考えていく上で、一般的な「コーチング」とは性格的に少し違った点がいくつかあることを感じており、あらためて「臨床コーチング」という言葉をキーワードとして考えてみたいと思います。

[一般的にコーチングとは]
　一般的なコーチングの解説は、多くの成書や参考図書があり、それらをいくつか読んでみることで多くは理解できます。一般に人を育てる方法とされ、「相手に質問をしながらその人の潜在能力や問題の解決策を自主的に引出し、人材開発を進める技術」と理解されています。コーチングは発展してきた経緯から、教育分野、ビジネス分野、スポーツなどの特殊技能を育てる分野などでよく使われる技法となってきております。このコーチングを医療分野で用いていくというのは、どのような点で一般のコーチングと相違があるでしょうか。1つは、一般のコーチングでは精神的な問題を抱えている場合には、コーチングが不可能と判断されますが、医療分野での患者対象でのコーチングでは、精神的な問題を抱えている場合も少なからずみられている点と考えられます。また2つめには、一般にコーチングという手法が、コーチとクライアントという一定の関係性（あるいは契約）の上に成り立ちますが、患者-医療者関係も含めた関係性の中では、必ずしもそういった関係性が明確なわけではありません。コーチングのコミュニケーションスキルの部分を、医療現場に取り入れる試みが行われ、有効性も十分にあると考えられますが、医療の中では関係性が一定ではないことが多く、あらためて「臨床コーチング」という領域を考えていく必要があると思います。

[医療をとりまく状況]
　いうまでもなく医療は経済状況や社会状況と切り離されて存在するわけではありません。医療は生きることに直結していますが、日本のように豊かな国では一定の医療が行われますが、途上国では医療の普及すら十分でないということもよく知られております。さらに移植医療や高度な分析法、技術の進歩によって、医療としての幅が非常にベイシックなことから、アドバンスな医療まで広がってきているのが現実です。また胃ろうなどの栄養補給、人工透析技術、ペースメーカーなど心臓機能に関する技術など、医療技術の進歩がもたらす恩恵は大きいのですが、それを使用することに伴う価値感はひとそれぞれであり、まさにちょっとした哲学的な問題を孕んできています。このように患者が求める医療の役割はさまざまに広がってきているため、画一的な医療技術の時代の対応では不十分となってきています。多くの学会が病気に対するガイドラインを策定して、標準となる治療法について普及されてきていますが、現実的には患者ごとに柔軟に対応していくセンスが、医療者には求められてきています。そういった意味で、これからはますます患者側と医療者側でのより緊密なコミュニケーションが必要となってきているのです。

[医療現場でのコミュニケーションの重要性]
　医師をはじめ医療者になる過程で、永らくコ

ミュニケーションについての教育はなおざりにされてきました。最近は学生教育の一環として、コミュニケーション法や模擬診察などの患者対応が取り入れられてきています。しかしながら当然のことながら、医療知識や技術論が教育の中心であることに変わりはありません。実際の医療現場では、さまざまな状況の対応が必要とされ、医療者には医療技術のスキルとともに、コミュニケーションスキルが必要とされる状況が生まれております。こういったことを考えると、コミュニケーションの研修を重ねていくことが、医療者としての完成度を高めていくことにつながってきています。

[「コーチング」から「臨床コーチング」へ]

さまざまな観点から医療におけるコミュニケーションを見てきましたが、医療におけるコーチングという手法について、コーチングの基本となる考え方からまとめてみることとします。

① 個別性：選択される医療技術や知識が増えてきている現在、患者側の価値観を重視して個別に対応していくことが求められます。
② 自主性：治療法の選択などの自己決定のほか、治療の継続性が重視される内服薬、リハビリや運動療法、食事療法などは患者側の自主的な治療参加が求められ、この姿勢を支援することが求められます。
③ 継続性：病気に対する治療は継続的な対応が必要とされており、一貫して継続して支援する姿勢が求められます。

一般的なコーチングの原則を、医療の中で解釈してみましたが、これらに加えて臨床コーチングとして特別に考慮する点がいくつかみられます。まずは、患者側の要因ですが、一般に病気を負った方が対象であり、中には精神心理的に不安定な場合が少なからず存在するということです。一般のコーチング法が、能力開発を目的とした手法であり、中には精神的な問題を抱えた人は対象としないとしているのに対して、臨床コーチングではこういった心理的な問題を抱えた人の多くを対象とせざるを得ないという状況があります。そこには一般医療技術のみならず病気を持った方の心理状態を、共感とともに理解するということが求められます。これらのことを加味していくと、単にコーチングを学んで応用していくという初期の段階から、さらに一歩踏み込んで、臨床コーチングとして心理背景の分析やスキルの捉え方を整理し直していくということが必要と思います。

この研究会で育まれた事例や研究は、約8年に亘る研究会活動を通じて参加者とともに学んできたものですが、いずれも臨床現場での体験や思考から学ばれたものです。コーチングの考えを基に、臨床に根差したコミュニケーション法として、「臨床コーチング」の考えがまとめられさらに普及していくことを期待したいと思います。

誰に、どのタイミングで、どの程度コーチング・スキルを使う？
スキルの使い方は、スキルそのものの取得より難しい

高橋優三

兵庫医科大学客員教授・岐阜大学名誉教授
〒663-8501 兵庫県西宮市武庫川町1-1　〒501-1194 岐阜市柳戸1-1

[抄録]　コーチング・スキルを身につけている人は多い。本で学ぶ機会もあるし訓練を受ける機会もある。ここで意外に忘れられがちな重要能力は、そのスキルを誰に対してどのタイミングで、どの程度、どのような形態で使うか、を察知する能力である。この微妙な"感覚"を間違えると、せっかくの意気込みも空振りに終わる。ひょっとしたら逆効果になるかもしれない。この"感覚"は言わば一種の暗黙知的な能力であるが、本稿では、医師がコーチング・スキルを使う際の考察をする。

キーワード；コーチング介入、タイミング、コーチ/クライアント関係

医師が患者にコーチング介入する機会

　一般原則として、本格的なコーチング（別名：フルコース）介入が有効に働くのは、コーチ/クライアント関係という形態、つまり両者が了承しその気になっている場合であろう。話のついでにコーチング・スキルをちょっと使ってしまう、つまりプチ コーチング（別名：単品料理）介入もまた大いに有効であるが、これをコーチング介入と言う事もできるが、むしろコーチング・マインドのある会話と言う方が適切かもしれない。

　よく考えてみると医師が患者にフルコースでコーチング介入する機会は、意外に少ないor無いかもしれない。日本の伝統的な医師患者関係は、ビジネスコーチングで言うコーチ/クライアント関係ではないからである。
　もし治療のコンプラインアンスを上げるための指導に、コーチ/クライアント関係に類似の形態が必要な場合には、"○○病教室"のように診療の場から離れた場を設定し、医師と患者の関係も再設定してしまうのが、有効な手立てであろう。

　例えば診療の現場で「あなたはアドヒランスが問題だ。今日は、あなたにコーチングをします。よろしいですか？」と尋ねたら、たいていの患者は腰が引けてしまう。しかし「もう少しコントロールを良くするには、最新の食餌療法が必要だ。"○○病教室"で訓練を受けてみますか？」は、患者にとって受け入れやすい提案である。しかも"○○病教室"では、医師・患者関係が、自然発生的にコーチ/クライアント関係に近い状況となる。なぜなら、患者は教えてもらいに"○○病教室"来たというスタンスだからである。別の日に別の場所で訓練を受けるという"場"の変化は、気持ちも切り替えてしまう。

医師が持つべきコーチング・マインド

　医師と患者の間に、コーチ/クライアント関係に類する関係を持ち込むという了解が無いままコーチング介入を行っても、患者は普段とは異なる調子の医師の話に戸惑い、「とりあえず医師の話に付き合っているだけ・・・」状態になりかねない。それ故、実

際の日常診療でのコーチング・スキルの利用は、「診療会話がコーチングで味付けされている」や「とっさのコーチング」程度、つまり単品料理みたいなものであり、患者もコーチング介入を受けているという認識が無い。このような「コーチング・マインドのある会話術を使っている」医師は多い。ゼロポジションやペーシングは、ごく普通に使われているはずだ。

"塊をほぐす"は、全人医療の実施に必要だけでなく、患者に治療に関する問題意識を自覚させるためにも役立つ。これは、当然のことながら、診療時に行っているはずである。

イメージンング スキルも、難病、慢性疾患の患者との何気ない会話の途中に「歩けるようになったら、ご夫婦で、どこへ旅行されますか？」などと、織り交ぜる事で、頻回に使われているはずである。このような自然な会話の流れの中で、もし患者が「リハビリに励みます」などの発言があれば、それはチャンスなので見逃さず「それはいい考えですね。期待していいですか？（温かい微笑みと共に）」などの声掛けで、患者に芽生えた闘病に役立つ気持ちを固める事ができる。

診察の途中、医師が無言なのは、患者にすごい圧迫感を与えてしまう。それで天候の話を織り交ぜる医師がいる。
「暑いですね」⇒「はい、かないませんわ」⇒「脱水に気をつけてくださいネ」
「寒いですね」⇒「はい、かないませんわ」⇒「風邪に気をつけてくださいネ」

これも医師/患者関係を築く見事な会話ラリーだが、コーチング・マインドのある医師なら、別種の工夫が欲しい。つまり患者の病識の向上、闘病行動の向上に繋がるような誘導的発言を、時々、何気なく繰り返す。患者が、その気になった瞬間を見逃さず、患者を誉め、勇気づけ、患者自らの解決を誘導する。

Common disease で来院の患者の場合

感冒や食あたりなどの"日ぐすり"で治るような急性疾患で来院した患者への診療に、コーチング・スキルを意識的に使うような会話をする必要性は、ほぼない。たいていの患者は"あっさり診察"や"お自動さん診察"を望んでいる。したがって患者からの信頼性を失わないように、立ち居振る舞いなど接遇に関する一般的な注意を遵守すれば充分である。

通常、受診する患者の集団は上記のコーチング不要から下記のような必要まで、連続している。つまり境界線がはっきりしていない。したがって、どの患者に対してコーチング・スキルが出番なのか、その判断基準に医師の個人差が大きく、しかも個人の中でもぶれてしまうのが実情であろう。コーチング適応は、マニュアルで決められるような単純な話ではない。

受け入れがたい病の告知を受けた患者の場合

不治の病を告知する手順や、告知後に行う心のケアについては、もちろんコーチング的な要素が組み込まれ、専門家による創意工夫

が進み、現場に普及している。ほんの一昔とは格段の進歩である。この体制ができたからこそ、がん告知が一般化したものと理解されている。

コーチング介入に踏み切れない医師であっても、告知後の患者の話をゼロポジションで聞くのは、大切である。患者が自分の運命を受け入れ難く怒りで心のバランスを取ろうとしている時期には、ゼロポジションで話を聞いてもらった患者は精神的にも安定するし、その後のコンプライアンスが良くなるはずである。この怒りの時期、医学的な知識をクドクドと説明しても患者の記憶には残らない、残るのは十分に話を聞いてくれないというネガティブの感情である。

がん告知の周辺で重要な事は、人間の感情表現が一律ではないという事である。自分の悲運に"取り乱すタイプ"もあれば、自分の過酷な運命を"他人事のように聞く"タイプもある。診察の場では平静を保っていても、実はそうでない場合があるので、コーチング・スキルを使う時には、患者の心の状態把握は、やはり慎重であるべきだし、難しい。

病悩期間が長い患者の場合
長期にわたる担癌患者や難病患者の場合には、患者が直面した問題点に応じて、コーチング・スキルを意識しつつ闘病の援助を行う。まさにコーチングの出番そのものである。
この時、コーチング介入の機会が有ったとしても、一回の介入の機会ですべての問題を解決しようと考えない方がよい。段階をいくつも踏む事を考える。すなわち患者の人と成りを知り、逆に患者が医師の人と成りを知るという段階が必要である。さらに患者が自分の病気を受入れる状況ができているのか否かも、確認すべき重要な段階である。これを診察の会話と兼ねて行うが、置かれた状況（患者、医師、コメディカル、時間的余裕、場所）に応じて「今回は、どこまで」の判断が重要となる。あくまでも患者のペースで。

このように考えるとコーチング介入においてコーチング・スキルが大切であるばかりでなく、コーチング介入をする時期か否か、今患者が何を必要としているのか、などを鋭敏に感じ取る能力が医師には求められている。

病識が低い患者の場合
自分の病気について正しい認識をしていない患者が居る。これにはただ単に自分の病気に関する知識を欠いている場合と、知識はあるが自分の病気として感覚的に捉えていない場合がある。前者の場合は素人にもわかる説明をするだけで解決する。後者の場合には、普通の社会人なら発達させているはずの現実感知能力に問題があるかもしれない。その場合、普通の人には通用するはずのコーチング・スキルが通用せず、かなり工夫と辛抱を要するコーチング介入となる。

そもそもコーチング・スキルは、平均的な感性と判断・決断の人格に有効であって、そうでない人にはそうではない。

なお発達心理学的に興味深い小話であるが、現代人の生活を変えたと称される天才的能力の企業経営兼研究者が、自分が癌である事を無視し続けて、つまり病識が無いまま癌死を迎えたらしい。知能、創造性、生活能力は、かならずしも一体として発達するものではなく乖離して発達しても不思議でない。したがって、どれかに優れていてもどれかが未発達というアンバランス人間は、巷に溢れている。

「分かちゃいるけれど止められない」患者の場合

　人間の頭の中の情報処理では、判断と決断は別物である。判断できても決断できない人たちが居る。一般には意思薄弱とも言われてしまう人たちである。これは約50年前の流行歌的に言うならば「分かちゃいるけれど止められない」タイプの人々である。決断力が不足している人にコーチング介入をしても、徒労に終わる可能性がある。このような場合コーチングとは逆に、むしろ命令形で決断を迫る方が有効かもしれない。

　自分の判断結果に厳格で、その通りに決断と実行する人間もいるが、並みの人間は厳格といい加減の中間で、「頭では分かっていても実行するとは限らない」という状況である。したがって禁煙、禁酒、ダイエット、運動療法など、どの程度のコーチング介入で、どの程度のコンプライアンス効果を上げられるかは、周知の如く、患者の個人差が大きい。

自己管理能力のある患者の場合

　糖尿病や高血圧のように一生涯の治療が必要な慢性疾患で、患者が自分の病気についてよく理解し、医師の指導による治療のアドヒランスがよく、良好なコントロールが得られている場合がある。このような自己管理能力に優れた患者に対しては、余計なコーチング介入は不要であろう。ただ治療が長期にわたるので、長い経過中にコンプライアンスが落ちないように、時折手短な声掛けをする気遣いを忘れてはならない。

時間に追われる生活の患者の場合

　世の中には重要な役職に就いていて診療時間中に医療機関を受診することが困難な人がいる。このような人たちにとって20分30分と言えども、医療機関の中で待たされる事は耐え難い苦痛である。このような状況下でもし糖尿病のコントロールが不良となり内服薬からインスリン注射の治療の転換が必要となって場合、しかも患者がインスリン注射を拒否した場合、当然のことながらコーチング介入の適用となるが、短時間のコーチングで手短に済ます事は必ずしも効果が上がるわけでは無い。たとえ厳しい時間のやりくりの中であっても、ゆっくりとした時間のセットの中でコーチング介入を行うのが、誤解が少なくしかも効果が上がる方策である。現実的には、前述の如く"糖尿病教室"の受講を勧め、そこでの内容が、医学的なものを中心にして、あとはテーラーメード医療式に個人面談の機会を設定、そこでコーチング介入を行うのが良い。

医者と密接な関わり合いを好まない患者の

場合

人間には色々な個性があり当然のことながら患者にも色々な個性がある。医師とゆっくり話をするのを好む患者もいるし、診察室から可及的はやく立ち去りたい患者もいる。医師がコーチング介入を目指して患者と密接なコミュニケーションを取ろうとした場合、それは必ずしも完全に歓迎される訳では無い。その辺の患者の個性、心の機敏を見抜く能力は、コーチング介入する医師にとって必須である。

認知症の患者の場合

ある意味では認知症の患者にコーチング介入をする事は無駄である。たとえ何らかの方法で説得したとしても or 患者が納得したとしても、短時間の間に患者はそれを忘れ去ってしまう。

認知症の患者と向き合う場合、是非認識しておきたいことは、たとえ患者の患者の発言が理不尽、事実誤認であったとしても、生真面目に否定しない方が良い。「違う、違う。こうだよ」と是正しても、患者には話の真意が伝わらず「敵意がある」というマイナスのイメージだけが伝わる。こういった「敵か味方か」の感覚的な記憶は、認知症の患者であってもしばらく持続するので、先の長い加療の事を考えると、有益ではない。実際の対応では、患者の言うことがたとえ間違っていても、そのままにこやかに承認する方を選ぶべきであろう。

多忙すぎてコーチング介入の機会をセットできない医師の場合

深刻な内容の（フルコース）コーチング介入は、限られた時間の中でなら、しない方が良い。後の予定を作らないで臨むべきだ。「時間が無いので、今日は、ここまでにしておこうか。いいか、頑張るのだぞ」は、良くない。

コーチング介入をする。で、最適の場は？

もちろん静かな場所で。

ソフト的には、しんみり話している最中「〇〇先生、電話です！」が無いように準備しておきたい。

同じく、ドアがいつものように突然開いたが・・・異様な雰囲気を感知し、「あっ　すみません」の小声と共にドアがソオ〜と閉まる・・・のような突発事故も避けたい。

こう考えると、適地は少ない。

結局大事なのは察知能力、状況判断能力

基本的なコーチング・スキルを身につけることは、そう難しい事では無い。難しいのは、いつどのようにコーチング介入を行うのか、今　介入するタイミングなのかどうかを察知し、状況を判断する能力である。このような能力は幼少の頃からの対人関係の構築、コミュニケーション能力の構築などを通じて基礎が養われ、時期が来た時に能力として完成するものである。幼少のころに芽を作っていない場合、大人になってから一朝一夕に創り上げるのは、可能であったとしても容易ではない。

糖尿病診療におけるコーチング活用法

金子由梨

済生会西条病院
愛媛県西条市朔日市２６９－１

[抄録]　コーチングが医療界にも広がり、その活用が期待されている。これまで糖尿病教育では指導を中心に行なっていたが、指導のみでは知識が増えても行動に結びつきにくいという問題があり、患者自身が考え、決断し、行動を起こすことを支援するコーチングが有用であることが近年報告されている。その概要と活用、今後の可能性について解説する。

キーワード；コーチング、糖尿病、教育、スキル、エビデンス、外来

[はじめに]
　私は日々の診療の中で知識は十分にあるにもかかわらず行動変容ができず、血糖コントロール不良にて経過する糖尿病患者に悩み、良くする方法がないか模索していた。その頃、とある医学雑誌でコーチングの記事を読み、コーチングの手法を用いた糖尿病教育が、自主的な行動変容を起こすことを知り、日常臨床に導入することとした。実践を重ねるうちに、自分自身の視点や行動を変えることで、患者の反応が変わり自発的な行動変容を起こすことを体験した。

[A]糖尿病とコーチング
　糖尿病診療において、科学的根拠に基づいた治療と教育的な介入は２本の柱である。医療従事者から一方的に知識を伝達する従来の教育方法（ティーチング）では知識量は増加するが、行動変容には繋がりにくいという問題があり、患者が適切な選択をできるよう情報を提供し、自発的な問題解決を支援することが求められていた。教育的介入方法としてはエンパワーメントや変化ステージモデルなどの概念があるが、体系的な習得方法が無く、"相手の中にある答えを引き出し自発的な行動を促すコミュニケーション技術"であるコーチングにより、クライアントの行動変容を促す技術の体系的な習得が容易になった。教育とは"ある人間を望ましい姿に変化させるために、身心両面にわたって、意図的、計画的に働きかけること。知識の啓発、技能の教授、人間性の涵養などを図り、その人のもつ能力を伸ばそうと試みること。"、指導とは"ある目的・方向に向かって教え導くこと。"と広辞苑で定義されている。コーチングの基本概念である、"クライアントが答えを持っておりゴールに到達する力を持っている"という考え方は、指導という教える側、教えてもらう側というステレオタイプの患者医療者関係から脱却し、患者中心の医療への変革を遂げる上で、重要な一歩となる。

（１）コーチングの三原則
　コーチングには双方向、継続性、個別対応という三原則がある。双方向のコミュニケーションでは会話のキャッチボールを行うが、このとき、クライアントの知識、理解度、心理などの背景を配慮し、問いかけるがこれは日常診療で必要とされる手法である。継続的な関わりは目的達成まで続けるが、こちらは外来での関わりとマッチする。相手に合ったコミュニケーションスタイルをとる、すなわち個別対応を行うことで信頼関係が高まる。その結果、より患者に合ったプランが立案可能となり、患者は実践することが容易となる。これらの対比からも、コーチングが糖尿病教育はもとより、臨床医療に有用であると説明できる。

（２）コーチングスキル
　コーチングには様々なスキルが存在するが、代表的なものを紹介する。

a）傾聴　ゼロポジション（先入観を持たず、評価をせず、話したいことをじっくり話してもらう）を意識する。よく聴いてもらったという気持ちは心を開き、信頼関係が深まる。話していくうちに自分の中にあった思いに気づき、思考が整理される。相槌やうなずき、アイコンタクトなどを使い、全身で耳を傾ける。

b）承認　「私はあなたの存在の全てを認めている」ことを相手に伝えること。存在を認められると信頼感が増し、行動を起こすエネルギーが湧き、目標の達成を加速する。褒めることだけでなく、あいさつや声かけ、過程を認めることも承認の一つ。

c）効果的な質問　質問はその人の中に眠っている可能性や価値のある情報を引き出し、自発的な行動に結びつけるのに有効。目標を決定する、現状を明確化する、強みを探すなど様々な場面で活用できる。効果的な質問は、繰り返し考え自分の答えを見つけることを促す。

（3）コーチングフロー
目標達成までの基本的なプロセスをコーチングフローと呼ぶ。効率的に会話を進行していくために活用される。

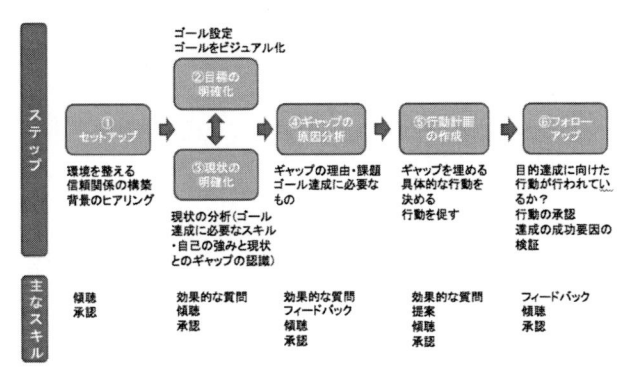

（4）会話例
a）スキルを意識しない会話
医師：HbA1cがまた上がっていますね。7.5％です。体重も1kg増えていますね。
A：接待が多くて・・・。仕事ですから仕方ないですよ。
医師：そうはいっても、このままでは合併症が進んでしまいますよ。（脅迫）
A：・・・。分かりました。食事に気をつけてみます。（そんなこと言われたって無理だよ・・・）
結局行動は変わらず、理解してもらえないという気持ちだけが残った。

b）スキルを意識した会話
医師：こんにちは。最近は如何ですか、お忙しそうですね。（承認）
A：分かりますか？血糖が良くなかったのですね。
医師：そうですね。少しHbA1cも上がっていますし、体重も1kg増えていますね。
A：接待が多くて、気をつけようとは思っているのですが、なかなかうまくいきません。
医師：そうですか、宴席での対応が難しいと感じていらっしゃるのですね。どんなことに気をつけていらっしゃいますか？（現状の明確化）
A：油ものはできるだけ控えるようにしています。
医師：油ものを控えているのですね。いいですね。（承認）血糖値を良くするために、他にかできることがあるとすると何でしょうか？（行動の選択）
A：そうですね・・、仕事の帰りに1駅前で降りて歩いてみようと思います。
医師：運動はインスリンの効きを良くし、血糖値を下げるのに効果的ですよ。いつから始めましょうか？（行動を促す）
A：さっそく今日から始めます。（行動の決定）
医師：次回が楽しみですね。是非、続けてみてください。
A：はい、頑張ります。
患者自ら行動を選択することで行動も継続しやすくなった。

[B] コーチングのエビデンス
コーチングの有効性は、McMurrayらが糖尿病腎症患者に対し、糖尿病教育および継続的なコーチングによる動機付けを含むマネジメントを行った群と行わない対象群を比較し、血糖値、足切断のリスク、入院のリスクがそれぞれ低下したことを報告している。[1] Saccoらは1型糖尿病患者において生活指導へのコーチング導入により、対照群に比べHbA1cが有意に改がしたと報告している。[2] これらの報告から、少なくとも薬剤介入よりも低コストであるコーチング介入が糖尿病の血糖コントロールに有効である可能性を示した。Whittemoreらは2型糖尿病患者に対し通常ケア群、看護師によるコーチングセッションを追加した群を比較し、HbA1cの改善は認めなかったが、コーチング群では食事の自己管理の向上、糖尿病に関連した精神的ストレスの軽減、満足度の向上などを認めたと報告している。[3] これらの報告から、コーチングが糖尿病患者の生活改善に有益な結果をもたらす可能性が示唆された。長期の合併症の予防や健康を維持、増進できるかどうかについては、エビデンスを示すまでには至っておらず、大規模な研究やコーチングの質、量の両面からの研究を重ねる必要がある。糖尿病領域以外にも広がり、うつ、癌性疼痛、リハビリ、服薬・治療コンプライアンスへの介入などいろいろな領域でコーチングの有効性が報告されている。[4][5] ハーバード大学医学部では、Institute of Coachingが設立され、多くの疾患の治療やQOLを高める一環としてコーチングが活用されている。

[C] 医療現場での活用
（1）外来での活用
　外来診療ではコーチングフローに則りすべてのプロセスを実践時間はないが、患者のゴールが明確であれば、最も大きな問題となっている事象を明確化し、解決に向けての行動計画をたて、実施を促すことには十分機能する。
　続いて、決めた行動計画がどの程度実施できたか、実施できなかった場合にはどのような障害があるか、どのようにすれば実施率が上がるか検討する。達成できていた場合にはどのような成果につながったかを体重や採血データからフィードバックし、次のステップに向けてモチベーションを高めることができる。外来診療では予め10分間という制限時間を提示し、「何が一番解決したい問題ですか？」と質問することで、その日に最も必要とされる問題点とその解決方法の提案がスムーズになる。加えて、帰宅後も心に留まり、ふと考えてしまうような効果的な質問が出来れば、短い時間でもそれ以上の成果をあげることができる。

（2）チーム医療にコーチングを活用する
　療養指導の現場では、熱心に指導をすればするほど相手の行動が変わらないことに苛立ちを覚え、また自身の指導力の無さのせいである

と自責の念に駆られ、結果として、スタッフが燃え尽きてしまうことがある。コーチングでは"クライアントの意志で敢えて行動しない"という選択肢もある。これを理解することで、患者が自分の意志で選択したものと捉えることができ、スタッフのメンタルヘルスに貢献する。

　各部署が患者の情報を共有し、専門的見地から患者の目標達成をサポートすることができれば、行動変容はさらに加速する。チームでコーチングを活用することは、個人が活用することに対し、効果が大きくなるとも言える。

[まとめ]
　相手を知ろうと意識することでより深く相手を理解でき、あると信じて捜すからこそ隠れた宝が見つかることを実感している。コーチングを学ぶことにより、医療者の意識が変わることが、最も患者を変えると感じている。
　コーチングは医師患者間のみならず、医療スタッフ間のコミュニケーションや、マネジメント、人材育成、目標管理ツール、セルフコーチングとしても活用できる。ほとんどのスキルは、普段無意識のうちに使用しているが、意識して繰り返し使用することで、さらに効果的に活用できると考えられる。少しでも人々の内に秘めた力が引き出され、たくさんの"やらねば"が"やりたい""やる"に変わることを期待している。

[文献]
1)Mu Murray SD,Johnson G et al: Diabetes Education and Care Management Significantly Improve Patient Outcome in the Dialysis Unit.AmJ Kidney Dis 40:566-575,2002
2)Sacco WP,et al:brief,regular,proactive telephone "coaching" interbention for diabetes,Rationale,description, and preliminary results.J Diabetes Complication 18:113-118, 2004
3)Whittemore R,Melkus GD et al: A nurse-coaching intervention for women with type 2 diabetes Educ 30:795-804,2004
4)安藤潔:がん患者を支えるコーチングサポートの実際.真興交易医学書出版部,2005
5)出江紳一:リハスタッフのためのコーチング活用ガイド.医歯薬出版株式会社,東京,2009,pp24-31

糖尿病療養支援に臨床コーチングを取り入れて
～説得する一包化から納得した一包化～
介護施設でのコーチング

山本康久[1]、三宅美有紀[2]、半田京[2]、和田亜紗美[2]、貴志多栄子[2]、今井聖子[2]、森友美[2]

1）那智勝浦町立温泉病院　院長
〒649-5331　和歌山県東牟婁郡那智勝浦町大字天満483-1
2）独立行政法人　労働者健康福祉機構　和歌山ろうさい病院
〒640-8505　和歌山県和歌山市木ノ本93-1

[抄録]　医療コミュニケーション能力を向上させることは、医療現場で有用である事は言うまでもない。我々は、その一環として、禁煙支援や糖尿病を中心とした生活習慣支援に臨床コーチングを導入してきた。今回、理解をさらに深めるため、糖尿病療養支援現場での「薬の一包化」をテーマに、臨床コーチングスキルの有無の会話例を作成したので紹介する。

キーワード；　医療コミュニケーション、臨床コーチング、糖尿病療養支援、禁煙支援

[はじめに]
　医療において医療提供側と患者側とが良い関係を保つ上で、コミュニケーションは大きな要因である。医療者と患者、患者家族とのコミュニケーションが上手く成り立たず、医療者が望む患者の行動変容に至らず、医療者が伝えたつもりでも患者や家族が理解・納得せず医療訴訟に至ることがある。医療者と患者の良い関係が、双方の満足感、患者の継続的な受診、良い治療成果につながっていくことは明確である。より良い関係作りが質の高い医療の前提となることが実証されつつある以上、その基本となる医療コミュニケーションを理解すれば、双方に有用であるといえる。
そこで医療者どうしや、医療者と患者さんとのコミュニケーション能力を向上させるべく、臨床コーチングを取り入れて、コミュニケーションから発生する「困り感に伴うストレス」を「やりがい感や達成感」につなげる為に、禁煙支援や糖尿病臨床に導入してきた。
今回、糖尿病療養指導における、患者さんと医療者の対話シナリオを、臨床コーチングを取り入れたものと取り入れていないものを作成したので紹介する。

[対話シナリオ]
　患者：７０才　女性
　２型糖尿病　Ｃ型肝硬変　脳梗塞後遺症（右麻痺あり）で内服治療中（８種類）
　５年前に夫と死別、以後１人暮らし
　近所の娘夫婦が時々来てくれるが、自分なりにしっかりしているつもり・・・

≪コーチングを意識しない薬剤師による服薬指導の一場面≫
薬剤師：こんにちは、薬剤師のＡです。お変わりないですか？
患　者Ｂ：はい、変わりないです。
薬剤師：今日のHbA1ｃは何％でしたか？
患　者Ｂ：はい・・・8.5％くらいだったかな。
薬剤師：コントロール不可の状態ですねえ。所で、お薬は忘れず飲んでますか？
患　者Ｂ：まあ、飲んでます。
薬剤師：じゃあ、数が合ってるか、薬を見せてくださいね。
　　　　（薬袋の中を確認する）
全然、数が合わないし、バラバラですよ！
患　者Ｂ：えっ？ちゃんと飲めてるはずやけど。
薬剤師：でも、薬がバラバラですし、きちんと飲めていないようなので、薬を一包化しますから、それで間違えずに飲んで下さい。
患　者Ｂ：イッポウカ？？何ですか？それは？薬をどうするんですか？
薬剤師：Ｂさんが薬を飲み間違わないように、薬を１回分ずつ袋に入れるんですよ。
患　者Ｂ：えー、そんなことしてもらわなくても、薬くらい飲めますけど。
薬剤師：だから！！薬を間違わないように、Ｂさんのためですよ！！
患　者Ｂ：うーん、そんな年でもないけどなあ。
　　　　（うな垂れて、患者は立ち去った）

コメント：ペーシングのない、かみ合わない会話。薬ありきの薬剤師さん、本当に患者さんのためになったでしょうか？。説得し切れなかったようですね。

≪コーチングを取り入れた薬剤師による服薬指導の一場面≫
心構え：相手が話している時は傾聴のゼロポジション、うなづき、相づちをしっかり取り入れる。

薬剤師：こんにちは、薬剤師のＡです。お変わ

りないですか？。
患　者Ｂ：はい、変わりないです。
薬剤師：それは何よりです。今日の HbA1ｃは何％でしたか？。
患　者Ｂ：はい・・・8.5％くらいだったかな。
薬剤師：コントロール不可の状態ですね。
ところで、お薬のことで１つ質問してもいいですか？薬はどの程度飲めていますか？。
（質問：枕詞とオープン型質問）
患　者Ｂ：まあ、飲めてます。
薬剤師：そうですか。「まあ」って、もう少し具体的に教えていただけますか？。
（質問：塊をほぐす質問）
患　者Ｂ：ちゃんと飲めているはずなんですけど。
薬剤師：ちゃんと飲めているということで、毎日忘れずに飲むのって本当に大変ですよね、ご苦労さまです。（聴く：オウム返し・伝える：Ｉメッセージ）
今後の為にお手持ちのお薬の残りの数を、一緒に確認させていただいてもよろしいですか？。
（伝える：承認）
患　者Ｂ：えー・・・いいですよ。
薬剤師：（薬袋の中を、確認する。）
数が合わないし、バラバラですね。
患　者Ｂ：えー、実は・・・飲み忘れたり、種類が多くてややこしいんです。
薬剤師：どういった時に飲み忘れるんですか？
（質問：オープン型質問）
患　者Ｂ：薬の種類がいっぱいで、飲んでも飲まなくても体調変わらないし、つい、昼とか面倒で忘れてしまいます。
薬剤師：私から提案があるのですが、聞いていただけますか？（伝える：枕詞）
患　者Ｂ：はい。
薬剤師：Ｂさんの飲み違いが無いように、薬を一回ずつ袋にいれさせていただくのは、いかがですか？。（質問：未来型質問）
これを「一包化」といいます。
患　者Ｂ：そんなことしてもらわなくても、薬くらい飲めますよ。
薬剤師：そうですか・・・、分りました。
Ｂさんに、お伝えしたいことがあるのですが、いいですか？（枕詞）
患　者Ｂ：・・・はい。どうぞ。
薬剤師：実は、先日もお薬を一包化にして、一つずつシールから外さずに簡単に飲めるようになってHbA1ｃ１％以上改善した方がおられたので、お勧めしたかったんです。
本当に良くなりますよ。(伝える：Ｉメッセージ)
患　者Ｂ：えー！、そうなんですかー、・・・また、考えてみます。
薬剤師：それでは、次回診察の後に、また、お会いさせていただけますか？。
（伝える：コミットメント）
患　者Ｂ：はい、いいですよ。

コメント：相手を承認して、聴く・質問する・伝えるスキルを盛り込むことで、納得感が芽生えそうな気配を感じませんか？。

[考察]
　臨床コーチングスキルを取り入れることで、面接に最初は少し時間がかかりますが、患者さんがより納得されて、行動変容されると、以後の対話が楽になり、順調に進むことをよく経験します。

[終わりに]
　臨床コーチングスキルは、鍋や釜と同じで、使わなければサビて来ます。時々臨床コーチングのスイッチをONにして、少しずつ継続すると良いです。

[文献]
成書
１．山本康久：タバコとアルコールその似て非なるところ、禁煙外来と糖尿病診療の"非で似たるところ"、糖尿病診療マスター、医学書院、7(6)；557-561, 2009
２．山本康久：「禁煙支援の実際～禁煙外来 DVD紹介～」、「療養指導士に必要な技能（２）」
糖尿病の療養指導2010、診断と治療社、2010年9月　日本糖尿病学会編集

介護老人保健施設での研修としてのコーチング

松尾　理

近畿大学医学部
大阪狭山市大野東３７７－２

[抄録]　　介護老人保健施設は全国に多数あり、日本の高齢化社会の象徴的な施設であると言える。そこで働く職員の問題として、入居者の将来性について悩んでいて、回復して退所するというような例が非常に少ない。そのため、働くことの意欲などに関して問題が生じている。コーチングの研修を基礎的な部分からはじめ、承認するという大事なステップまで考慮した研修会を継続して行った。その結果、職員の意識改革が進み、職場の同僚に対しても承認することができるという反応が９割以上に認められた。

キーワード；介護老人保健施設、職員の意欲、コーチング、承認、継続的研修

[I　はじめに]

介護老人保健施設は全国で約４０００もあると言われ、わが国の高齢者の重要な社会的施設となっている。そこで働く職員は入居者の特性から、次のような問題があげられる。
職員個人に帰属する問題：
①員の個人的な性質
②自己研鑽をやり遂げられない制約＝時間がない
③家族の理解が問題
④友人からの良い反応がない　社会的認知の低さ

職場に帰属する問題
⑤組織の体質（経営姿勢など）
⑥職員組織の問題
⑦職員間の人間関係に由来する問題　仕事の同質性からくる反発、批判など
⑧地域社会との問題＝施設建設反対運動の例がある

入居者・利用者に帰属する問題
⑨入居者利用者との問題　基本的コミュニケーションの取りにくい利用者、入居者
⑩入居者の家族との問題
⑪待機家族・待機者との問題

このような問題が介護老人保健施設で働く職員の意欲を低下させ、時には入居者への異常な行動となって表れてくる。

そこで、一つの例として入所定員 60 名、職総数64名という典型的な介護老人保健施設で、コーチングを主要なテーマとして継続的研修を行った経過と職員の変化を述べる。

[II　第１回研修]

大前提のテーマと言うか研修目標を「職場の活力向上を目指して」としたが、サブテーマとして「初級：　コミュニケーション能力の向上を目指してー」と題してコーチングをメインにして研修をすることにした。

まず、研修開始前に現状を把握するためのアンケート調査を行った。

iiA　研修開始前の状態

「自分のどの点を改善すると、職場でのコミュニケーションが良く取れるようになると思いますか？」と言う設問に対して、個別の回答は次のように大別できた：

「聞く」：
話をよく聞き、理解する。人の意見をよく聞く。相手の話を最後まで聞く。興味がなくても耳を傾ける。情報量を増やす（相手からたくさんはなしを引き出す？）。

「話す」：
相手の気持ちになって発言。思ったことは一度考えてから話す。自分から話す。すすんで人の中に入って話をする。会話の中で相手が伝えたいことを考える。要点を組み立てる。

自分の話す能力を自己評価して下さい

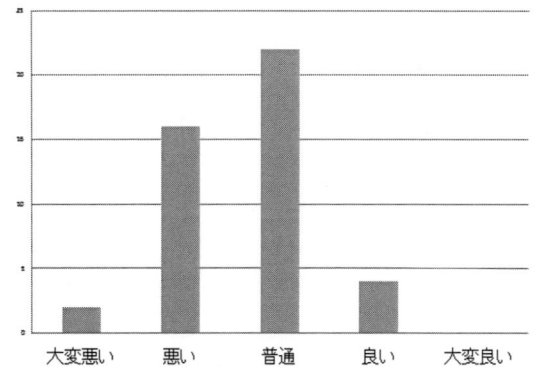

（大変悪い／悪い／普通／良い／大変良い）

これらとは別に、すでに自ら解決策を考えておられる職員がみられた。

「解決１」：
時間がとれれば良くなる。自分に自信がないから話が苦手（自信を持つことが必要？）。わからなければすぐに確認する。自分なりに理解できれば良くなる。お互いのバランス（？）。

「解決２」

白か黒か極端な性格（はっきりさせたほうがうまくいく？）。部下に命令を下すのが苦手（上司としてはっきりと指示・命令を下した方がうまくいく？）。リアクションをもっと大きくする。多少機嫌の悪いときでも普通に振る舞う。
「結局は」：
聞く・話す能力。説明力。

以上の如く、コミュニケーションが重要な役割を担っていることを職員は認識しているが、その能力について図のように自信がないようである。

iiB 研修内容
このような背景から、職員は職種を問わずコミュニケーションに関心があり、その能力を高めたいと願っていることが明らかになった。そこで、第1回目の研修として、コミュニケーション能力を高めるために、コーチングの基本的なスキルを中心として行なった。

iiC 研修終了後の反応
その結果をアンケートで評価した。

「聴く」ことについて、どの程度実践できそうですか

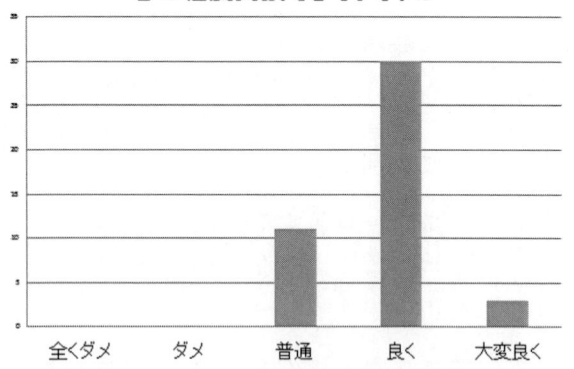

「質問する」ことについて、どの程度実践できそうですか

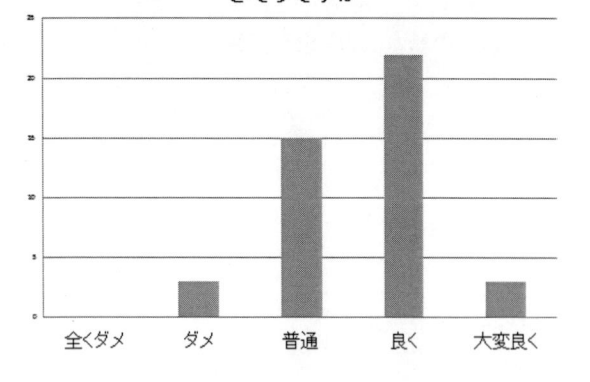

と言う結果に見られるように、「実践できる」気持ちになっていた。

また研修内容の満足度について聞くと

今日の内容に、満足しましたか

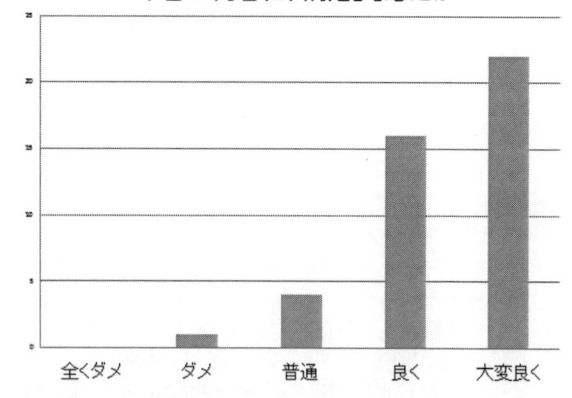

のように9割以上の人が満足していた。

また、アンケートに個別記載をしてもらった。それら個別の回答は次のように大別できた。その結果、研修を受けたことから、今後の意欲などについて積極的な記載が良く見られる。大別した項目立ては筆者がしたものである。

「意識的に動く」：
まず聴くことから頑張る。理解はしたが実践は難しいので、まずは聴くことから始めたい。相手の話を聴くことの大切さを改めて感じた。
「自己研鑽」：
日々の反省をしたい。自己を振り返る良い機会に。少しでも実践できるよう心がけたい。
「学んだこと」：
　聞き手・話して双方が話題を広げて共感し合えることが良かった。コミュニケーションは一番大切なことだと認識できた。相手を尊重し情報を得ることを学んだ。枕詞を使えるよう努めます。
「全体の印象」：
時間の経過を忘れるくらい楽しく内容の濃い研修だった。コミュニケーションの仕組みが分かって良かった。この研修が受けられた環境に感謝。

以上のことから、第1回研修として、成功であったと結論づけた。問題はその成果が持続して、日常的な業務に反映出来るようになっているかどうかである。そこで、1ヶ月後、および2ヶ月後に、個別面談を行い、研修の成果を聞いた。その内容は面談した職員数が少ないので、計量的に表せないが、質的に充分反映され、研修の内容に出てきた場面と同様なことが起こり、適切に対処できたと喜びの顔で話された職員がいたほどである。
職員全体の行動変容をみるため、第2回研修を企画した。

[III　第2回研修]

第2回研修開催の意図として、第1回目の研修内容がどの程度身につき、行動変容が出来ているかを評価し、さらにコミュニケーション能力を高めるために、半年後に子コーチングスキルを「承認」という観点で深化させた内容で重

点的にコミュニケーション能力の向上を図る研修を行った。

iiiA　第1回研修の効果の持続
まず最初に前回の効果について

あなたは、第1回研修会以降で、「きく」ことに何か変化が出て来てますか？

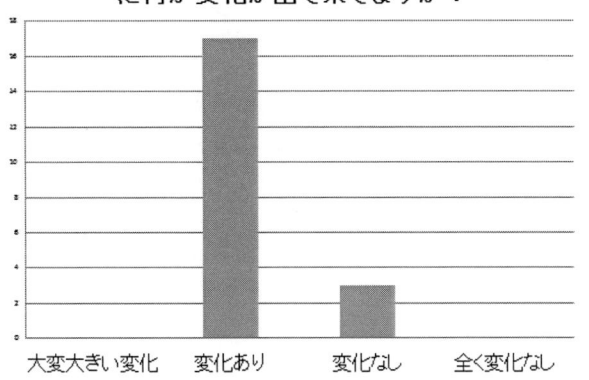

あなたは、第1回研修会以降で、「質問する」ことに何か変化が出て来てますか？

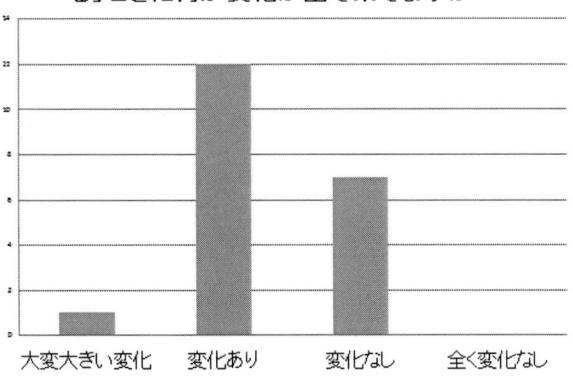

あなたは、第1回研修会以降で、「伝える」ことに何か変化が出て来てますか？

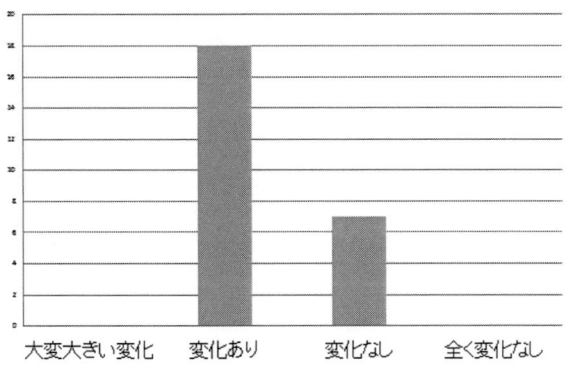

ということで、研修の効果が一応持続していると考えられた。

iiiB　第2回研修内容
第2回研修で第1回目の研修をさらに強化し、「承認」を強く研修する内容とした。

iiiC　第2回研修結果

今後「聴く」ことについて、どの程度実践できそうですか

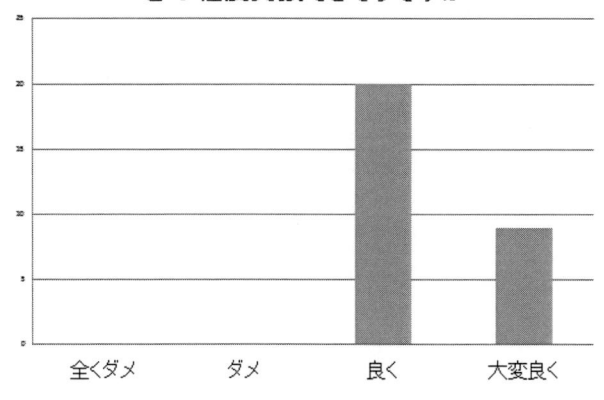

今後「質問する」ことについて、どの程度実践できそうですか

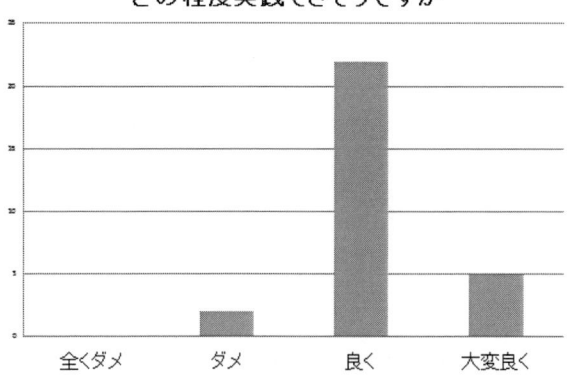

今後「伝える」ことについて、どの程度実践できそうですか

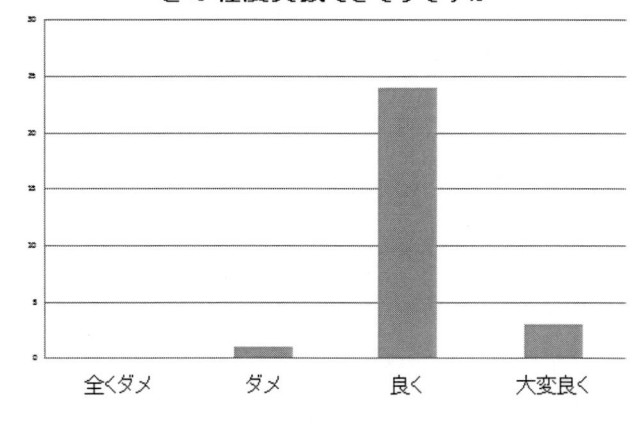

の3点については、大変良く実践できそうである。

第2回研修で一番重要なポイントとした「承認」について聞いたところ、

職場の同僚を承認することについて出来そうですか

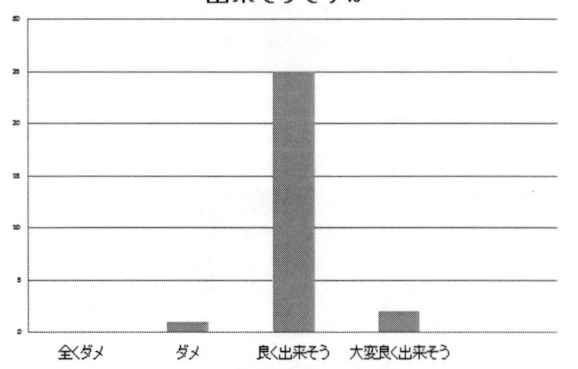

のように９５％以上が同僚を承認することができると反応した。

　iiiD　個別記載
次のようなことが書かれていて、筆者が内容別に大別した。
「承認」
承認は、夫にはしているような気がしましたが、子供にもしてみようと思います。わかりやすい講義でした。相手の話も聞き、承認まですることが大事。「承認する」実践するには少し難しいですが、最初は意識しながら少しずつ取り組んでいこうと思いました。話の聞き手は難しいです。頑張ります。職員間で相手をほめる事が苦手なのですが、努力していきたいと思います。
「コミュニケーション」
職場での自分の価値は同僚や上司が決定することだと思うが、何に対しても自信を持てるコミュニケーション術を自然にとることが出来たらと思いました。言葉通りはなかなかいかないのが現実。
「質問」
自分の事を省みて、自己中心的で、つい子どもに対してもに対して等、特に感情にまかせてっていることに反省しました。質問の仕方等勉強になりました。
「話す」
話すことが苦手で、とても上司に話すときなどうわずって、要点が言えてない、伝わってないのでは、、、と不安になることがあります。
「聞く」
話をさえぎらないで"聴く"ことを実践しようと思います。聞き手としてうなずき、傾聴、オウム返しは行なっているつもりではあったが、研修内の実践で重要性がわかった。相手の話を聞く力を持ちたい。さらっと聞いているので覚えていないことが多いです。
「将来」
私自身、コミュニケーションが苦手と言う気持ちを持っていましたから、今回の講演で少しでも自分の生かせるように努力できるすべを教えてもらいました。研修で受講したように上手く実践できるよう頑張りたいです。忘れていつもの自分が出てきそうで心配な面もありますが。仕事や家庭での対応に研修で学んだことを生かしたいと思います。コミュニケーションは奥が深く難しいです。ただ話す、聞くではだめなんですね。今後の支援に生かしたいです。実際に実行するのは簡単なことではないが、思い出しながら実行できるように頑張りたいと思います。
「講師」
あたり前のことだとは思いますが、松尾先生はとてもお話し上手だなあと感心します。先生に患者様がご相談されると、とても楽になるだろうなあ、自分の胸の内を自然と話してしまうだろうなあと思います。私もそのような人間になれたらなと思います。就学前教育の柱のひとつとして"自尊感情を育てる"ことが大きいと聞いたことがあります。それに通ずるお話を伺いました。

　iiiE　施設の利用者から言われた言葉
入居者あるいは利用者から言われた言葉でどんなことが一番うれしかったですか？と少しデリケートな質問をした。その結果、次のような内容が書かれていた。
［聞く］
話を聞いてくれて嬉しいわ。
［会う］
いつも来るの楽しみです。あなたの顔を見ると安心する。笑顔がいいね。
ありがとう。楽しかったよ。あなた一番優しいね。
明るくていいね。昨日は休みだったけど、今日は来てるんですね。
［効果］
あなたのお陰で家族と上手くいくようになったわ。
［施設］
ここに来るのが楽しみで仕方ないのよ。美味しい食事をありがとう。◎◎に来るのが楽しみだ。毎日行くところがあって良かった。入所調整していただき非常に助かりました。おかげでよくなりました。

［IV　終りに］
以上のごとく、研修をくり返しながらもその内容を深化させることが非常に効果的であることが明らかになった。つまり、スパイラル的に向上させる研修内容を組み立てることが職員のニーズにマッチし、その成果が職場の活力の向上につながると思われる。

メディカル・サポート・コーチングスキルを用いた運動療法の取り組み

森山善文

名古屋共立病院　ウェルネスセンター
愛知県名古屋市中川区法華1丁目172

[抄録]
【目的】運動療法に対するコーチングの介入が、運動療法の継続率や心理指標、運動効果に与える影響につき検討した。【方法】コーチング群13名、コントロール群6名の運動耐容能、安静時血圧、生化学所見、QOLの変化につき、運動開始時及び6ヶ月後で比較検討した。【結果】運動療法継続率はコーチング群で73％であったのに対し、コントロール群では42％と、コーチング群で高い継続率であった。運動耐容能及び、安静時血圧、QOLの変化は、コーチング群でのみ有意な改善を示した。【まとめ】コーチングは運動に対するモチベーションやセルフエフィカシー、運動の継続性を高めることにより、運動効果を十分に発揮させるためのアプローチとして有用であると示唆された。

キーワード；コーチング、運動療法、生活習慣病、セルフエフィカシー、行動変容、継続率

[はじめに]
　当院では2004年より医療法42条施設「偕行会ウェルネスセンター」を開設し、糖尿病、脂質異常症、高血圧など生活習慣病の二次予防を中心とした自費運動療法を実施している。生活習慣病における運動療法は治療のエビデンスが確立されているにも関わらず継続率が低く、モチベーションやコンプライアンスを高めるアプローチが重要とされる[1)2)]。モチベーションを高める手法のひとつに、"メディカル・サポート・コーチング・スキル"が挙げられる。"メディカル・サポート・コーチング・スキル（以下コーチング）"は、ビジネス向けコーチング理論に心理学等の手法を加え、医療向けにアレンジし、体系付けたコーチングのスキルである[3)]。本研究では、運動療法に対するコーチングの介入が、運動療法の継続率や心理指標、運動効果に与える影響につき検討することを目的とした。

[方法]
　運動療法を新たに開始する25名の中からコーチング介入を行ったコーチング群（19名：男性6名、女性13名）とコーチング介入を行わないコントロール群（6名：男性2名、女性4名）にランダムに振り分け、両群における心肺運動負荷試験（CPX）、安静時血圧、生化学所見、QOL（MOS 36-item Short Form Health Survey：SF-36）の変化につき、運動開始時及び6ヶ月後で比較検討した（表1）（図1）。コーチングスキルとして、傾聴スキルは「ゼロポジション」、「ペーシング」、「頷きと相づち」、「オウム返し」、質問スキルは「オープン型質問」、「未来型質問」、「肯定型質問」、「塊をほぐす」を用いた。各スキルを表にしたチェックシートを作成し、使用したスキルにはチェックを入れ、コーチングの内容を一定の方法で統一するようにした。
　コーチング介入は初回運動開始前の約1時間とし、自己による詳細な目標や課題項目の設定を施行した。
具体的には、ステップ1として「何を目的に運動をするのか？なぜ運動が必要か？運動してどうなりたいか？」を明確に認識、ステップ2として「どうすれば目的を達成できるか？」、を考え、目的達成のための具体的課題を自己にて設定した。また、課題は毎日実施の有無を記

表1　対象

	コーチング群	コントロール群	P value
	19名(M6 F13)	6名(M2 F4)	
平均年齢（歳）	64.8±8.8	60±10.2	N.S
DM	11(58%)	3(50%)	N.S
HT	18(95%)	5(83%)	N.S
HL	8(42%)	3(50%)	N.S

録し、実施状況が把握できるようにした。

図1　方法

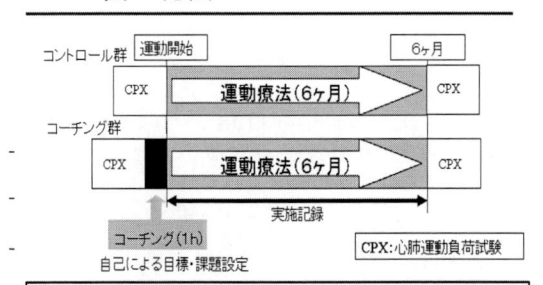

- 両群における6ヶ月間運動療法前後でのCPX結果・生化学所見を比較
- コーチング群のみQOL(SF-36)の変化を6ヶ月間運動療法前後で比較

6ヶ月間の運動実施回数
コーチング群32.2±18.5回、コントロール群21.2±4.1回(N.S)

平均年齢(歳)	64.8±8.8	60±10.2	N.S
DM	11(58%)	3(50%)	N.S
HT	18(95%)	5(83%)	N.S
HL	8(42%)	3(50%)	N.S

［Ⅰ．継続率に対する影響］

当院での6ヶ月間運動療法実施回数はコーチング群で32.2±18.5回、コントロール群で21.2±4.1回と両群間で有意差は見られなかった。6ヶ月間の運動療法継続率はコーチング群で74%であったのに対し、コントロール群では36%と、コーチング群で高い継続率であった。また、コントロール群でドロップアウトした症例は、全例1ヶ月未満の短期ドロップアウトであった。

健康に対する運動の効果はすでに多くの研究により明らかにされているが、長期にわたって継続させることは極めて困難であり、運動を始めたにもかかわらず3〜6ヶ月後には約半数がドロップアウトしてしまうとの報告もある（Dishman:1988）。コーチング介入は運動継続率を高める上で有用なアプローチであることが示唆された。

図2 継続率

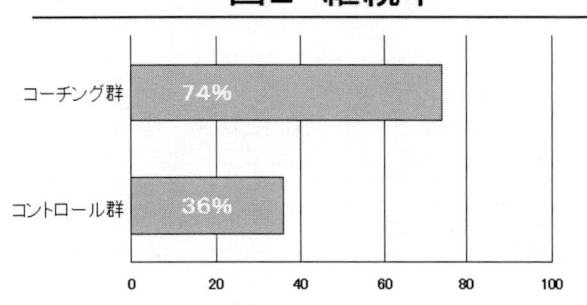

コントロール群の中止者は80%が1ヶ月未満の中断

［Ⅱ．心理指標に対する影響］

コーチング介入が運動療法の継続性を高める上で、心理面に対する影響が考えられる。そこで、コーチング群の心理面に対する変化を確認するために、コーチング群の中からランダムにセレクトした8名に対し、初回コーチング介入の前後で心理指標の評価を行い、1回のコーチング介入が心理面に与える影響につき検討した。心理指標としては、Self-Efficacy（自己効力感）とPOMS（Profile of Mood States）を評価指標として用いた。Self-Efficacy（自己効力感）とは、「ある結果を生み出すために必要な行動をどの程度うまく行うことができるかという個人の確信（Bandura, 1977）」であり、今回は運動の継続に対する自信について評価する方法であるMcAuleyの評価法を採用した。POMSは1971年にMcNairにより開発された気分プロフィールであり、総合的な気分の状態や6つの気分尺度（緊張－不安【T-A】・活気【V】・抑うつ－落ち込み【D】・疲労【F】・怒り－敵意【A-H】・混乱【C】）に分類し気分の状態を評価する質問紙法である。今回はその中から"活気"の項目のみ抽出し評価を行った。

セルフエフィカシーはコーチング介入前50.1点から介入後67.3点と有意な得点の向上が見られた（図3）。POMSのVigor（活気）の変化でも同様に介入前53.3点から介入後66.8点と有意な得点の向上が見られた（図4）。コーチング介入は自己効力感や活気を向上させ、運動に対するモチベーション向上にも寄与したと考えられる。

図3 Self Efficasy
コーチング介入前 VS 介入直後
50.1点→67.3点 P<0.01 n=8

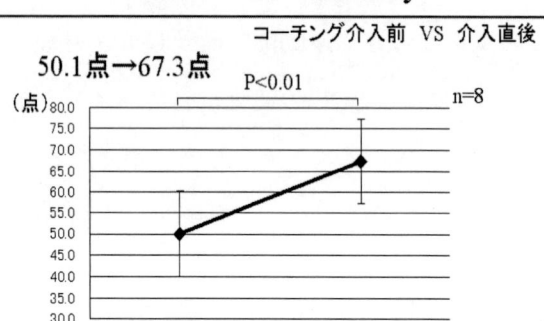

図4 POMS（Vigor：活気）
コーチング介入前 VS 介入直後
53.3点→66.8点 P<0.01 n=8

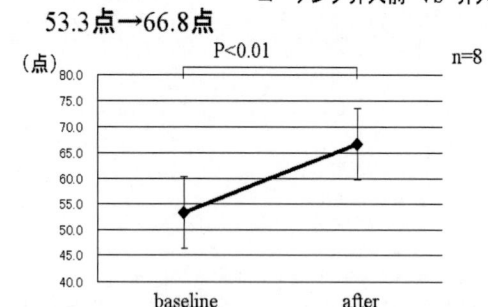

〔Ⅲ 運動効果に対する影響〕

次に、継続性や心理面への好影響のみならず、運動療法の本質的な目的である運動効果そのものについて、コーチングが及ぼす影響につき検討した。運動効果指標は、心肺運動負荷試験（CPX）、安静時血圧、QOL（SF-36）とした。両群における運動開始時及び6ヶ月後の変化につき比較検討した。

運動耐容能の変化として、peak VO2はコーチング群 17.0±4.3→18.0±4.5 ml/kg/min（p<0.01）、コントロール群 16.3±5.5→17.3±6.1 ml/kg/min（N.S）とコーチング群でのみ有意な改善を示した（図5）。

安静時血圧は、コーチング群 154.5±15.1→144.8±20mmHg（p<0.05）、コントロール群 135±26.2→130.4±22.3 mmHg（N.S）とコーチング群でのみ有意な減少を示した（図6）。

QOLの変化として、コーチング群でRole physical（日常役割機能）、Role emotional（精神的な日常役割機能）の項目で有意な得点の向上

が見られたが、コントロール群では有意に改善した項目は見られなかった（図7）。以上より、コーチング介入が一定期間の運動療法効果を高める上で有用なアプローチであることが示唆された。当院での運動療法実施回数に有意な差がなかったことより、日常生活での改善が影響しているものと推測され、コーチングによる自己目標・課題の設定が生活習慣全体の改善に寄与したと考える

図5 Peak VO2の変化

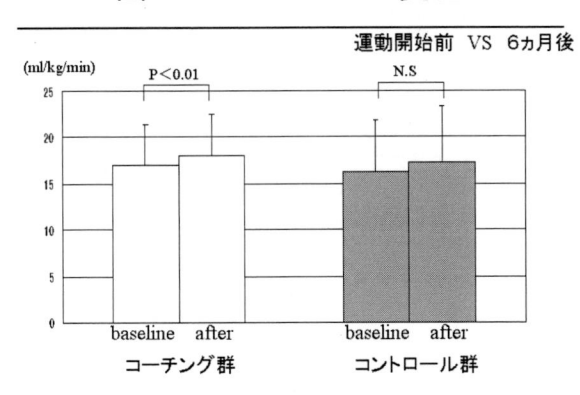

図6 安静時血圧の変化（収縮期血圧）

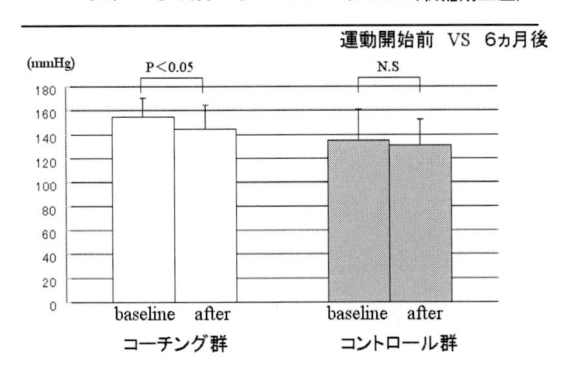

図7 コーチングにおけるQOLの変化

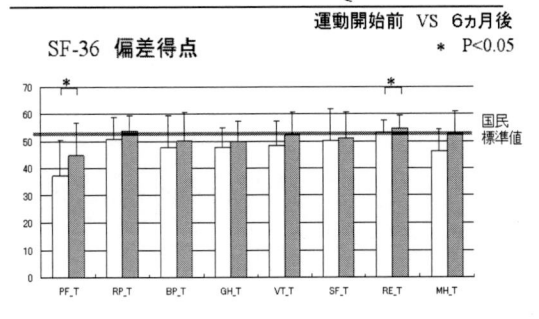

[まとめ]

二次予防を主体とする運動療法では、生涯にわたり運動の継続が求められる。しかし、対象者の多くは元来運動嫌いが多く、運動開始時のモチベーションを維持し続ける事は容易ではない。

運動が継続困難な主な理由としては、「処方された運動強度が強すぎた」、「最終目標がみえない」、「運動する気持ちにならない」[4]などが挙げられている。また、モチベーションやセルフエフィカシーを高める事が重要であり、指導者本意の高い目標設定はこれらを阻害する可能性があるとの指摘も見られる[5]。

コーチングは運動療法を行うための目標設定を行うスキルであり、具体的な目標が設定できれば運動に対するモチベーション・セルフエフィカシーも向上する。その結果、継続性が高まり、運動効果を十分に発揮させることができるものと考えられ、運動療法開始者に対しては、積極的なコーチング介入が望まれる。

[文献]

1) Dishman,R.K.:Compliance/adherence in health--related exercise. Health Psychology, 1:237-267,1982
2) Dishman,R.K.and Sallis,J.F.(1994)Determinants and intervention for physical activity and exercise. In C. Bouchard,R.J.Shephard,and T.Stephens (Eds.),Physical acitivity,fitness,and health: Intednational proceeding and consensus statement Champaign,IL.:Human Kinetics: 204-213, 1994
3) 奥田弘美：メディカル・サポート・コーチング入門,2003
4) 清水弘明：「運動を継続していただくために」. 実践糖尿病運動療法,診断と治療社,東京,2004、p39.
5) 木村穣：保険指導のための認知行動療法, 臨床スポーツ医学, 25巻10号 Page1201-1207, 2008

コーチングをする vs コーチング・マインドを持った生活をする
多種多様のコーチング

高橋優三

兵庫医科大学客員教授・岐阜大学名誉教授
〒663-8501 兵庫県西宮市武庫川町 1-1　〒501-1194 岐阜市柳戸 1-1

[抄録] コーチングを語る時、プロのコーチによるコーチングと、普段のコミュニティ構成者（先輩・上司・同僚）による素人コーチングとを、はっきり区別する必要がある。前者は日常生活を共有しておらず、コーチの人格が影響することは少ない。後者は日常生活を共有しており、コーチングする人の人格が影響する。また普段のコミュニティにおいては、生活の円滑化にコーチング介入する機会もあるが、伝統的には、むしろコーチング・マインド溢れる生活をして、つまり気づかないままコーチングを潤滑剤としてコミュニティを成熟させていた（土着コーチング）。ここにプロのコーチングとは異なったコーチングが、文化として持つ力を発揮していた。そもそもコミュニティの中では、コーチ/クライアントの関係を樹立しにくい。以上の例示で明らかのように、コーチングの多種多様性を認識したい。次世代的には、コーチング・マインド溢れるコミュニティで育った若者が、コーチングをさらに洗練させる。

キーワード；コーチング、コーチング・マインド、クライアント、コミュニティ

他人を動かす力の源泉

他人を動かすのは、至難の業である・・・

そもそも人が動く動機とは、いかなるきっかけであろうか？

まず①尊敬している人物に命令 or 依頼された、②自分自身がやる気になった、などが挙げられる。②に関しては、コーチングの有用性は遍く知られている事であるが、誰が誰に対してコーチング・スキルを用いるコーチングなのか、これをハッキリ認識しないと、コーチングの意味の多様性ゆえに五里霧中的な混迷となり、他人を動かす有効な力には結びつかない。

コーチング、実は大きく分けて2種類ある

コーチング、明らかに2つの場合分けをする必要がある。ひとつは職業的なコーチがクライアント（客）に対してコーチング・スキルを用いるビジネス コーチングである。この場合、あえて例えて言うならばコーチは宇宙人的な存在である。

もうひとつは共に生活を共有している人に対して、つまりコミュニティの中でコーチング・スキルを用いる場合である。この場合のコーチングは、普段からの人付き合いの延長線上にあると言える。これも2種類に細分するとコーチングの実践について理解しやすい。すなわち①上司が部下に行うコーチング介入と、②コーチング・マインドのある日常生活、である。（表1 参照）。

コーチの人格の影響は、いかに？

ビジネス コーチがクライアントを実効的に動かすためには、卓越したコーチング・スキルが必要である。また別の要素としてコーチの人格も重要であるはずであるが、クライアントと日常生活を共

にしていないコーチの場合は、クライアントがコーチの人格に触れる機会がほぼ無いため、よほどの事がない限りコーチの人格が問題になる事はない。もともとクライアントが自分のスキル・アップ目的や難局を打開する目的で割り切ってコーチを利用するなら、コーチの人格を問う必要性を考えないのかもしれない。

ところが日常生活を共にしている上司や先輩がコーチング・スキルを用いる場合、コーチングを受ける方が上司や先輩の人格を知っているため、その人格に欠陥があると、たとえコーチング・スキルが卓越していたとしても、そのコーチング介入は、効果無しor逆効果となる。

ここで振り返って見るに、職場や友人仲間、家庭などの密接なコミュニティにおいては、人格的に尊敬されている人物の発言が、たとえそれがボツボツとした下手な話術であったとしても、すなわちコーチングから程遠いものであったとしても、他人を動かす力がある事は経験的にもよく知られている事である。つまりコーチングのスキルは大切であり、研鑽に努めるべきであったとしても、コミュニティの中では尊敬される人格こそコーチングを有効にし、しかも永続させるために根源的な必須条件である事を認識せざるを得ない。

コーチング・マインドのある生活

本稿ではプロのコーチによるビジネスコーチングついて言及しない。また上司が部下の職能訓練に素人芸でコーチングを使うことについても、詳説しない。本稿では日常生活を共にし人格を互いに知る人達の間で、どのように互いを高め合い気持ち良く生活して行くのか、それがコーチング・スキルによって実現できる事について考察したい。なお日常生活においてコーチング・スキルを身につけた言動をする、これをコーチング・マインドがあると、本稿では表現する。

表1　コーチング実践の形態

A) ビジネスコーチによるクライアントへのコーチング介入

B) コミュニティーの中のコーチング
　B1) ボランティア的なコーチング介入
　B2) コーチング・マインド溢れる日常生活

ありがた迷惑コーチングの押し売り

日常生活においては、部下、同僚や仲間の個人的な悩み、問題解決について、かしこまって本格的にコーチング介入をする機会は、長い人生であったとしても、あまり無いかもしれない。コーチングを意識する会話があるのは、おそらくゼロポジションで悩みを聞いてあげたり、転職、恋愛の相談に乗る、などの機会であろう。人格が評価される人物が、秘密を厳守して自分の相談に乗ってくれるなら、

たとえコーチング介入であっても、きっと感謝されるに違いない。また職業的なスキルの限界に悩んでいる部下や後輩への指導で、コーチングが部分的に用いられるなら、これも感謝されるであろう。

しかしながら身近な人にコーチング臭い言動するのは、用心が必要であろう。特に自己管理能力がある人々のコミュニティで"コーチングをしてあげる"式に、コーチングの押し売りをすると、ありがた迷惑になっても不思議ではない。何故ならコーチングを受ける時に鋭敏な人が感じてしまうのは、心が裸にされ、相手に見透かされている様な羞恥である。

そもそも、普段の生活を共にしている関係者の間では、コーチ／クライアントの関係を樹立しにくいのは当然であり、プロのコーチングとは異なったストラテジーが必要である。

実は伝統的生活に根付いていたコーチング・マインド

我々の日常生活の言動は、コーチング・スキルで軽くお化粧されている。これはすなわちコーチング・マインドを持った言動と呼ぶべきものである。前述のごとく、このような行動により我々の日常生活は、互いを尊重し互いの能力を高め合うという極めて質の高い社会を築いている。

そのような具体的な例は、初めて人々が密集して暮らすようになった大都市江戸で見られたらしい。いわゆる「江戸しぐさ」は、たとえ当時コーチング・スキルが体系化されていなかったとしても、コーチング・マインドを持った生活の知恵が実行されていたと解釈ができる。

また朝の挨拶、出会いの挨拶、別れの言葉、なども日本人の生活に馴染んできたが、これもコーチング・マインド溢れる生活の知恵である。たったこれだけの短いコミュニケーションであるが、相手を承認するというコーチング・スキルとして、日本人のコミュニティに及ぼす良い影響は、とても大きいものであったはずである。

相手の話をよく聞く、相手の気持ちを一旦受け入れる余裕、他人の良いところを見つけ出して誉める、自分が誤解をしているのではないかと考える謙虚さ、これらはすべて、極くありふれた日本人の日常生活に見られる良き習慣であるが、コーチング・スキルそのものである。我々はコーチング・マインドを持った日常生活を送っていたのだ。（図1参照）

"あげまん" & ディズニーランド

古来からの日本語の中に"あげまん"なる表現があった。Gender freeを目指す社会にあっては、かなり問題のある内容だが、死語を学術的に考察するとしてご容赦を頂きたい。"あげまん"とは相手の男性を出世させてしまう、成功させてしまう不思議な能力を天性的に持った女性を示す俗語である。彼女達がどんな能

力を持っているのか、コーチング・スキルと対比しつつ分析してみると、極めて興味深い類似点が見つかる。

しかも重要な事に"あげまん"の女性は、日ごろから相手の男性に恩着せがましい言葉を発しない。つまり相手に心の負担をかけないまま、仕事に専念させてしまう特技だ。控え目とは、これほど素晴らしい態度なのだ。相手に心の負担をかけない、これは我々がコーチング・スキルを使う時に、留意すべきであるが忘れがちである。

特定の企業の名前を挙げるのでこれも問題ある内容だが、ご容赦いただきたい。人々はなぜディズニーランドに何回も行きたがるのか？　なぜディズニーランドの虜になる人が多いのか？　これは園内にある出し物が楽しいだけの理由では説明しきれない。楽しいだけでは、やがて飽きられてしまうのだ。我々は、園内に溢れるコーチング・マインドについて深く分析する必要がある。

相手に気づかれないままコーチングの威力

前述の如く我々がぜひ実現したいのは、我々の日常生活のすべての言動がコーチングでお化粧されている、つまり我々がコーチング・マインドから滲み出た言動をする、であろう。これによって"あげまん"の秘術の如く相手に気がつかれないまま、コーチングを実践する事になる。ある意味では知らず知らずのままコーチング介入と言う状態である。これが実行できれば、日常的な言葉で言う「周囲の人を幸せにする人」「マナーが良い」「円満な人格」であり、普段の生活において人々の尊敬を集める人格者の横顔でもある。このような人物によるコーチング・マインド溢れる言動は常にコミュニティに良い影響を与えるはずであり、その言動が「あの人には言われたくない」式の反感を招く事は、あり得ないはずである。

図1　*日常生活の中に文化として土着していたコーチングを、コーチング・スキルとして抽出、体系化した。そのコーチング・スキルをコーチは、クライアントの夢を叶えるというビジネスの道具にした。我々は、それを学び、我々の日常生活における言動の繊細さを磨き上げる道具にする事ができる。*

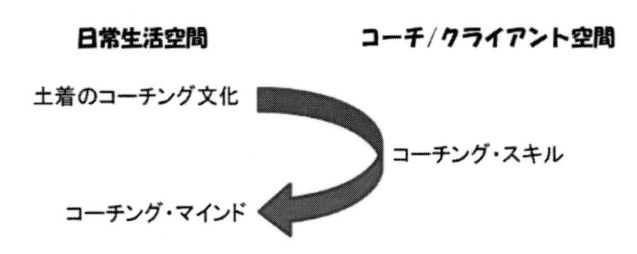

日常生活空間　　　**コーチ/クライアント空間**

土着のコーチング文化

コーチング・スキル

コーチング・マインド

図2　*もともと自然発生的に存在したものを抽出、体系化し演繹的に利用するのは、文法や法律についても同様である。子供の時から"当たり前"と思って身に着けたものを再吟味するのは、とても難しいが、コーチング・スキル、文法、法律のように言語化すると、認識しやすくなり、生活の向上に役立つ。*

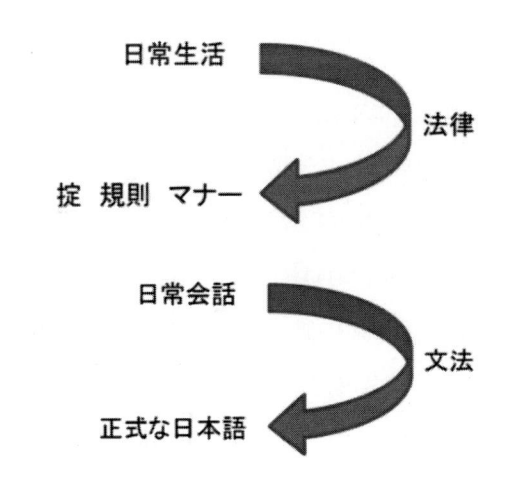

日常生活　　　　　　　法律

掟　規則　マナー

日常会話　　　　　　　文法

正式な日本語

— 71 —

コーチングは自分にも影響する

　前述のごとくコーチング・マインド溢れるコミュニケーションを、日本人は文化として脈々と受け継いできた。けっこう温かみのある社会を築いて来た。しかしながら、人間愛に溢れる人格を持ちながらも他人に表現する事が苦手で、思わぬ悪い誤解を周囲の人間に与えている人が、少なからず存在する事も確かである。よくよく考えると、このような欠点を大多数の我々は、多かれ少なかれ持っている。それゆえ我々がコーチングの普及に心血を注げば、他人に対してのみならず、自己啓発にも繋がり、我々自身の未熟さ（迂闊な言動によって他人を傷つける、相手の気持ちを汲み取れない、他人を尊重しきれない）による周囲との摩擦を軽減する事にも役立つ。

コーチングは飽和しない　進化する

　コーチングが普及し、コーチング・マインドのあるコミュニケーションが普通となれば、もはや人々にとってコーチングは新鮮なものでなく、他人を動かすものでもなく、かつての神通力を失ってしまうと危惧する人がいる。本当にそうなるのであろうか？

　この事を考察する上で興味深い史実がある。お笑いについてであるが、かつて日本人がプロのお笑い芸人の話芸に接するのは演劇の小屋などであり、その機会は極めて小規模限定的であった。その後ラジオ放送が始まり漫才が電波に乗ると、日本人が大規模にプロのお笑い芸に接する機会となった。またテレビ放送が始まると、今度は喜劇が日本のお茶の間を席巻した。ラジオやテレビの黎明期においては、お笑い芸人は極めて単純・牧歌的であったが、人々は腹の底から笑い楽しんでいた。その後ラジオやテレビでお笑いに接する機会が爆発的に増えるにつれ、人々はお笑い芸に飽きてしまったのかというとそうではなく、人々が少々の事では笑わなくなったのは確かであるが、お笑い芸もどんどん進化し、現代人もやはり、お笑い芸を腹の底から笑い楽しんでいる。しかも日常生活にまでユーモアが浸み込んでしまった。まるで赤の女王仮説を思い出すような共進化である。

　コーチングについても、人々の感性の進化と共に、スキルが赤の女王仮説的な共進化をするはずである。しかもその時には、コーチング・マインドが我々の日常生活にselfとして溶け込み、より快適な社会の醸成に役立っているであろう。

我々には、プロのビジネス コーチングとは異なったコーチングが必要

　コーチングはコーチングを職業として成り立たせるために発達してきた。しかしながら我々が必要としているのは、職業の道具としてのコーチングではなく、人間らしい心の通い合った快適なコミュニティー（職場、家庭、地域）を維持・発展させるための潤滑剤になるコーチング・マインドである。

その場合、コーチングとしてのスキルは、プロの芸に及ばないレベルのものかもしれない。しかしコミュニティの全員によって共有され、体臭のように日常生活に取り込まれてしまうと、文化としてうねりの波の様な大きな力を持つ。この力はプロのコーチによる個人指導とは異質の効果を社会に及ぼす。

占いと科学

平井みどり

神戸大学医学部附属病院薬剤部
神戸市中央区楠町7-5-2

[抄録]　「占い」などという非科学的なものを語るのはひんしゅくを買うのがおちかもしれないが、子は怪力乱神を語らずという孔子でも、「易」は研究していたはずである。いまでこそ、「占い」というと女子供の好む下世話な世迷い言のように思われがちだが、元々は森羅万象を深く観察して構築される哲学に則ったものだったはずだ。そしてその目指すところは、人々の幸せ・生きやすくすることである。占いを含むオカルト的なものが嫌われる理由は、それが弱い人間の依存を呼ぶもの、意志薄弱な人間、惨めな人間、無駄に自尊心が強い人間を引き寄せることにあるのだろう。とはいえ、「真実」などというものは、おいそれとは手に入らない。手に入らない真実に何とか近づこうとするのが研究であり、それは科学的手法を使うことで、それなりに成功を収めてきたわけである。科学万能ではないが、我々はそれを使いこなすことで、人間社会を住みやすいものにしようとしている。住みやすい社会を手に入れるためのツールは科学だけではなく、その一つとしての占いは、機能的に見ればよいところ、使えるところもあると考える。

キーワード；占い、科学論文、易、コミュニケーション

[はじめに]
　「私は〇〇タイプ」「動物に例えると・・・」といった、いわゆる各種「占い」の周期的な流行が見られる。人間はなぜ「占い」に惹かれてしまうのだろうか。それは未来を知りたいという気持ちと共に、周囲の人間を理解して、良い人間関係を構築し、生きやすくなりたいという願望があるからだと思う。科学的な事以外は語ってはならない、といった暗黙の了解が研究者の間には存在するようだが、定量的なものだけが科学ではないだろう。占いと科学は相容れないものではなく、目的は同じでも、アプローチの方法が違うのだと考えてみたい。

　占い、と聞けば「そんな非科学的なものを！」とひんしゅくを買うのがオチだが、実生活では結構役に立っているのではなかろうか。毎朝「〇〇座の今日の運勢は・・・」というのを確認してから出勤、という方もおられるようだ。以前友人で占いのコラムを連載している者がいて（占い師でもなんでもない）、その彼が言うには、誰にでもあてはまるような、抽象的な書き方をするのがコツ、ということである。すなわち、読み手が自分に合うように解釈できるような文章、という訳である。科学論文とは真逆であるが、しかし両者を比較すると、片や非科学そのもので現代社会にとっては唾棄すべきもの、片や現代社会を支える情報とテクノロジーのベースでありすべてに優位性をもつもの、という風に峻別はできない、と思う。

　占いコラムも科学論文も、方向性やレベルは異なるにしても、どちらも人間社会を住みやすくするための方策、と言えないだろうか。例えば見ず知らずの人と会ったときに、私たちはどうするだろう。挨拶を交わしたときの相手の言葉(訛りなどをふくめて)、服装、持ち物、顔立ちや表情、などなど、膨大な情報を瞬時にとりこみ、これまでの経験と照らし合わせて、どんな人格を社会的に表出しているか、それに合わせるべきか、無視するべきか、自分の要求を出して良いか悪いか、交渉する場合にはどんな攻め方をすべきか・・・などといった事を短時間の間に決断しなければならない。伝説の名医は、診察室に入ってきた患者が医者の前に座るまでに、診断を付けたと言われるが、凡人ではそうはいかない。まず患者さんの話を聴き、診察をし、検査に行って貰って、それぞれのデータを総合して診断にもっていく。分からないときには、同僚や指導者と協議する。そうして、真実に少しずつ近づいていくわけである、修正をしながら。最初から「ど真ん中、正解！」なんてことは実に少ないだろう。さらに言えば診断が決まったからといって、その概念が患者のすべてを物語る訳ではない。推論し、トライアルをして、その結果軌道修正、というのが医療では普通である。ならば「占い」にしても、色々な判断や評価を行うための一つのツール、指標のひとつと考えてもいいのではと思う。

　非科学的な占いを根拠にして、何が分かる、とお怒りになられるかもしれない。しかし、一点突破で最短で正解をゲット、なんてことは夢なわけだから、やっては確かめ、軌道修正しながら進む、というやり方を続ける限り、そのパラメータはなんでもよいと思う、使い手が納得し、対象となる人に危害が及ばないのならば。子は怪力乱神を語らずという孔子でも、「易」は研究していたはずである。疫学を専門にする研究者が、自らを「易者＝疫者」と呼んでいたが、あながち洒落でもないように思える。

　最近ネットなどでよく見かける「あなたの〇〇度を診断！」、心理学的知見に基づいた、科学的な評価のように見えるかもしれないが、これらも「占い」と言って差し支えないだろう。ただし、ある程度の普遍性がみられ、多くの人が「使える」と考えているものの場合には、最初に述べた定義からして、科学論文と大差ないのではと思う。使う側の考え方一つではないだろうか。

　占いに対する反論の一つとして、「人間を4種類（この数は占いによっても違うが、数個～せいぜい64種類位だろう）に分けて理解するなんて、無理」というのがある。確かに日本人1億2千万人はすべて、他人

とは異なる存在なわけだから、1億2千とおりの種類を作らねばならない、という理屈になるだろうけれど、そんなに細かく分類する事に人間の頭は対応できない。分類の目的は何か？他人を理解し、良好なコミュニケーションと適切な人間関係を築くことであれば、もっと「使える」形のものでないといけないだろう。というわけで、非科学的と誹られながらも「血液型による性格分類」が根強いのは、他人を理解し人間関係を円滑にする上で有用であることが多い、からだと思う。勿論、いわれのない差別に繋がったり、予断と偏見で相手を決めつける（「黒人だからといって、誰でもヒップホップが踊れる訳じゃない！！」と怒っている人がいた）のは間違いだが、真実だけを語っていると考えられている科学の世界でも、絶対ということはない。教科書が書き換えられるのはよくあることだし、世紀の発見！ともてはやされることが、実は極めて限定された条件下でしか起こらないこと(決して嘘ではないが）だったということもある。すぐに簡単に「正解」を手に入れることはできないのだ、ということを思い知らされる毎日、せめて人間関係に苦労しなくても済む方策はないかと、人類が長年知恵を絞って考え出した方法の一つが「占い」である。地球の裏側で一匹の蝶々がかすかに羽ばたいた、それが巡り巡ってハリケーンとなる、という話に哲学の深淵があるならば、子供のときに靴を放り投げて明日の天気を占った、というたわいもない経験にも、一抹の真実が含まれると言えるだろう。

[終わりに]

　論文作成中に、行き詰まり煮詰まってしまった部員から相談を受けた。考察を書くときに、色々と文献を参照するのは通例であるが、自分の主張と異なる結論を述べた文献の扱いに困って、身動きとれなくなってしまったようである。私のようにいい加減な人間は「あ、そういうこともあるよね」「人はひと、自分はじぶん」「条件が違うんだから仕方ないでしょ」と簡単にスルーするのが常だが、上記の例ではいちいち論破しないといけない、と考えて行き詰まってしまったわけである。異なる意見をわざと無視したり、故意にゆがめた解釈をするのは間違いだが、丁寧にすべて反証を出す必要もない。結論は一つではないのだから。

　科学にしろ何にしろ、おいそれと手に入らない真実に、どこまで近づくことができるか、その精度を高めることが研究の使命である。それとともに、我々医療従事者はあくまで科学を「使いこなす」立場でないといけないと思う。人が人をケアするのが医療である以上、不確実性は避けられない。その辛さを幾らかでも緩和してくれるのが、「占い」であり、またそこから紡ぎ出される「物語」なのではないだろうか。

終わりに

コーチングは多くの領域で活発に使われている。しかし、多くの場合、コーチングを表層的に捉えている場合が多い。その様な風潮に対して、新しい一石を投じるために本書が企画出版されるに至った。本書の内容はコーチングを学問として捉える一環になっていて、臨床コーチングの質を高め、引いては医療の質を高めることになる。

医療関係でのコーチングの活用は非常に重要であり、医師・患者関係をはじめ多くの医療者が患者さんと接する場合に医療の質を高めることにコーチングが貢献していることは間違いない。事実、本研究会学術集会に参加された方は、医師、看護師、各種技師、および事務職など医療機関のあらゆる職種の人が参加しており、その成果を職場で発揮されている。

例えば、某大都市の病院での例であるが、院長、事務長はじめ、管理職全員がコーチングを理解し実践しているため、医師の勤務状態（医療の内容など）が非常に良く、結果的に患者さんからの評判が非常に高くなっていると聞いた。その様な実践例があるので、各医療機関に幅広く参加を呼び掛けたい。このことが今回の学術集会開催にあたっての念願していることである。

　　　　　　　　　　　　　　　　　　　　編集者： 松尾　理
　　　　　　　　　　　　　　　　　　　　　　　　近畿大学名誉教授
　　　　　　　　　　　　　　　　　　　　　　　　近畿大学医学部顧問